U0906166

主编 **刘建生**

副主编 **刘成虎**

保晋风云

刘成虎 李宇 编著

山西出版传媒集团 山西教育出版社

图书在版编目（CIP）数据

保晋风云 / 刘建生主编. — 太原 ：山西教育出版社，2021. 5
（晋商五百年）
ISBN 978－7－5703－1490－4

Ⅰ. ①保… Ⅱ. ①刘… Ⅲ. ①煤矿—收回利权运动—研究—山西—清后期 Ⅳ. ①K257. 230. 7

中国版本图书馆 CIP 数据核字（2021）第 069007 号

晋商五百年·保晋风云
JINSHANG WUBAI NIAN · BAOJIN FENGYUN

出 版 人 李 飞
责任编辑 许亚星
复 审 李梦燕
终 审 杨 文
装帧设计 薛 菲 刘志斌
内文排版 李 珍
印装监制 赵 群
图片统筹 刘志斌
摄 影 薛 菲 王永伟 刘志斌 梁 铭 荣 浪等

特别鸣谢 北京晋商博物馆
支持单位 北京晋商博物馆 山西省博物院 太原晋商博物馆 山西财经大学晋商博物馆

出版发行 山西出版传媒集团·山西教育出版社
（地址：太原市水西门街馒头巷 7 号 电话：0351－4729801 邮编：030002）
印 刷 山西基因包装印刷科技股份有限公司
印 次 2021 年 5 月第 1 版 2021 年 5 月第 1 次印刷
开 本 787×1092 1/16
印 张 11. 5
字 数 194 千字
书 号 ISBN 978－7－5703－1490－4
定 价 29. 80 元

康熙皇帝说：“今朕行历吴越州郡，察其市肆贸迁多系晋省之人，而土著者盖寡。”

——《清实录》康熙二十八年二月乙卯条

山西巡抚刘于义上奏说：“山右积习，重利之念，甚于重名。子弟之俊秀者，多入贸易一途，其次宁为胥吏。至中材以下，方使之读书应试。”雍正帝在其奏疏上“朱批”：“山右大约商贾居首，其次者犹肯力农，再次者谋入营伍，最下者方令读书。朕所悉知。”

——《雍正朱批谕旨》，第四十七册，雍正二年五月十二日朱批

在海外十余年， 对于外人批评吾国商业能力，常无辞以对，独至有历史、有基础、能继续发达之山西商业，鄙人常以自夸于世界人之前。

——梁启超《在山西票商欢迎会演说词》，1912年

平阳、泽、潞豪商大贾甲天下，非数十万不称富。

——王士性《广志绎》

富室之称雄者，江南则推新安，江北则推山右。

——谢肇淛《五杂组》

山右巨商，所立票号，法至精密，人尤敦朴，信用最著。

——《清朝文献通考》，卷十八

1888年，英国汇丰银行一位经理甫将离开中国时，对山西票号、钱庄经营人有过这样一段评论：“我不知道我能相信世界上任何地方的人像我相信中国商人或钱庄经营人那样快……这25年来，汇丰银行与上海的中国人作了大宗交易，数目达几亿两之巨，但我们从没有遇到一个骗人的中国人。”

——渠绍淼《晋商兴盛溯源》

中国商贾夙称山陕，山陕人智术不能望江浙，其推算不能及江西湖广，而世守商贾之业，唯其心朴而实也。

——清代外交家、首任驻英公使郭嵩焘

霭龄坐在一顶十六个农民抬着的轿子里，孔祥熙则骑着马，但是，使这位新娘更为吃惊的是，在这次艰苦的旅行结束时，她发现了一种前所未闻的最奢侈的生活。因为一些重要的银行家住在太谷，所以这里常常被称为“中国的华尔街”。

——罗比·尤恩森《宋氏三姐妹》

在上一世纪（19世纪——编者注）乃至以前相当长的一个时期内，中国最富有的省份不是我们现在可以想象的那些地区，而竟然是山西！直到本世纪（20世纪——编者注）初，山西，仍是中国堂而皇之的金融贸易中心。北京、上海、广州、武汉等城市里那些比较像样的金融机构，最高总部大抵都在山西平遥县和太谷县几条寻常的街道间，这些大城市只不过是腰缠万贯的山西商人小试身手的码头而已。

——余秋雨 《抱愧山西》

未曾消逝的风华
（代序）

三晋大地是孕育中华民族的热土。距今180余万年前，山西匼河西侯度出现了迄今为止在中国发现的最早的人类。许家窑、丁村、峙峪、北撖……山西几乎保留了旧、新石器时代不同阶段的所有遗存。从那时起，山西曾一度是中华文明的代表。

隋代，雄踞太原的李渊成为天朝大国新的主宰，太原也因此成为大唐帝国的北都。唐代的三晋是一个文化昌达、名人辈出的地方，王维、柳宗元、狄仁杰、河东裴氏……一个个镌刻在青史上的名字，推动着唐代文化登峰造极。当鼎盛的铅华在四起的狼烟中悄然褪尽，宋太宗的铁骑踏过黄河，刘汉王朝灰飞烟灭之后，连年的战火、无休止的争斗，李唐盛极一时的河东文化似乎真的随着太原城那场人为的大火飘零没落了。

有人说，唐代以后的山西乏善可陈，科考不利、文化名人匮乏，山西的文化凋落了，但很少有人注意到，在时代变革、文化演进的浪潮中，山西扬弃旧腐、推陈出新的地域文化特征和独特的文化变迁方式。17世纪以降，在风云诡谲的世界形势中，经济实力成为决定国家兴衰至为重要的因素。当西方凭借坚船利炮不断开拓世界市场、中国依然沉浸在义利之辩中无法自拔时，被梁启超先生“常以自夸于世界人之前”的那些“胡服辫发”的山西商人又一次成为引领时代潮流的群体……时任德国柏林大学校长的李希霍芬男爵曾评价说，山西人“具有卓越的商才和大企业精神，有无比优越的计算智能，有发达的数字意识和金融才华”，因此“中国人好比犹太人，而山西人更像犹太人”。

晋商从默默无闻的引车卖浆者逐渐发展成为“非数十万不称富”的豪商巨贾，纵横捭阖五百余载，足迹遍及大江南北。他们凭着敢为天下先的精神，利用国家政策，抓住历史机遇。他们栉风沐雨，远渡重洋，北至西伯利亚、伊尔库茨克，南抵香港、加尔各答，东到神户、大阪、横滨、仁川，西涉喀什噶尔、塔尔巴哈台，业务涉及盐、茶、粮食、布匹、典当、票号等诸多行业，以独具特色的经商理念与经营艺术，创造了一个个令世人瞩目的商业奇迹。我们山西大学晋商学研究所同仁曾循着晋商的足迹赴东瀛，到欧美，北上恰克图、海参崴收集相关史料。大家无不为昔日晋商“劈开万顷波涛，踏破千里荒漠”的那种艰苦创业、百折不挠的精神所折服。尽管晋商在清末战乱中逐步走向衰败，商业和金融业态的转变使之无法承担起信用制度变迁所带来的庞大交易费用，但他们并没有化作历史的尘埃随风飘逝，其遗留下来的丰富的物质和精神遗产，至今依然影响着我们。

站在平遥、太谷、祁县等古老县城的街道，放眼望去，掩映在夕阳余晖中的是一座座明清晋商的豪宅大院、孕育着郁郁生机的老街，还有那商号店铺的门帘随着进进出出的人们不停地摆动，像少女头饰上随风摇曳的流苏。熙攘而恬静，喧嚣而自然，建筑和人交相融合，很容易让人产生时间上的错觉。思绪的穿越，把我们带回到清代，街面上此起彼伏的吆喝声、票号柜台上眼镜戴在鼻尖上的掌柜、镶满铁钉的大门、被缰绳磨得发亮的花岗石拴马桩……使我们抑制不住钩沉旧事的冲动。

每处遗存都有着自己的故事，每件古物都有着鲜为人知的传说。发现故事讲给世人听，是三晋学人义不容辞的责任。因此，我们会集山西大学晋商学研究所以及经济、历史、教育、体育等学科从事晋商研究的多位学者，捃摭多年研究成果，从晋商盐帮、茶商、典当、票号、镖局、会馆、家族、大院、教育，以及走西口、粮油故道、保晋公司等入手，通过点滴历史事件，深入浅出，图文并茂，向读者展示明清晋商的不同侧面，以期雅俗共赏，弘扬中国传统商业文化。

于山西大学晋商学研究所

目录 MULU

前言

可以想见，亿万年前的黄土高原必定是绿意盎然、百草丰茂的。因此，在自然界的生命循环中，各种植物的枝叶和根茎得以在这片土地上不断堆积，形成了一层极厚的黑色腐殖质，经过一系列复杂变化，形成了煤炭。而分散在各处含有铁的岩石，风化崩解，氧化后随水流动，逐渐沉淀堆积在水下，再经过地壳中高温高压作用等无数次变化，形成了铁矿。沧海桑田，岁月如梭。古老丰茂的树木和铁矿石早已深藏在巍峨的太行山中，犹如一个犹抱琵琶半遮面的美人，让人欲一窥究竟，却又不得其法。

1840年鸦片战争以后，中国沦为半殖民地半封建国家，随着侵略的深入，列强的魔爪逐渐伸向了以蕴藏着丰富煤铁资源而闻名世界的内陆省份——山西。为了捍卫山西的矿权，当时的爱国志士进行了英勇的斗争，有的甚至不惜以生命来唤醒国人。保矿运动发生在辛亥革命之前，是全国保矿、保路运动的一个重要组成部分，是辛亥革命的预演，而保矿运动中催生的山西保晋公司作为山西最大的民族资本企业，在山西近代工业史上写下了宏伟的篇章，巍巍太行因此也在中国人的精神世界里被赋予了亘古的魅力。

保晋公司以鲜活的历史上演了一场绝世之唱，它如史诗般宏大，如楚辞般感人，瑰丽壮阔，铭留心间。为了这段可歌可泣的历史被传承，为了三晋文化异彩绽放，本书汇集了鲜活的历史资料、文献和研究成果，以便进一步去领略百年前山西民众成立保晋公司的详细始末和艰苦曲折的斗争历程。

第一章

掀开历史的帘幕

2008 年 7 月 5 日一大早，山西省阳泉市的保晋文化园内锣鼓声声、鞭炮阵阵，打破了夏日清晨的宁静。为纪念保晋公司成立 100 周年，缅怀先贤，继承传统，阳泉市在保晋文化园隆重举行了保晋公司纪念馆揭牌仪式。纪念馆开馆后，蜂拥而入的观众立即被一组名为“纪念保晋公司成立 100 周年”主题系列组雕所吸引，交口称誉，赞声不断。这组煤雕作品很快成为了纪念馆的一大亮点。

艺术是凝固的历史。这组煤雕用艺术的语言形象地讲述了 19 世纪末 20 世纪初历史大环境下的那段鲜为人知的故事，它们栩栩如生，仿佛凝固了历史的某个片段，把人带回了那个战火纷飞、飘摇动荡的时代……

第一节　苍生蒙难，穷则思变

近代中国的历史是沉重的，这种沉重感常令很多史学家即使是在偶有提及时都会捶胸顿足、唏嘘不已。19 世纪末 20 世纪初，中华民族遭受了内忧外患的深重苦难，面对帝国主义列强的军事侵略和经济掠夺，软弱腐败的清政府签下了一个个屈辱妥协的条款。然而，具有爱国主义传统的中华儿女却从来没有屈服过，面对帝国主义列强的掠夺，他们进行了一次次英勇顽强的抗争，谱写了无数振奋人心的动人篇章，也正是他们令这段历史变得鲜活而富有色彩。

关键词：鸦片战争　清王朝　太平天国　洋务运动

一、中国三千年未有之祸——鸦片流毒

中国和世界上其他国家一样，按照人类社会发展的历史规律，不断地向前发展着，到了封建社会后期，缓慢发展的商品经济已经孕育了资本主义的萌芽。但是，到了 19 世纪 40 年代，这种独立发展的进程被迫中断了，帝国主义列强用大炮、鸦片和廉价的商品，打开了中国的大门，并逐步和中国封建统治者勾结，以实现他们独霸中国的目的；而国内长期实行的闭关锁国政策也阻碍了中国对外贸易、社会政治、经济及思想文化的进一步发展。

“历览前贤国与家，成由勤俭败由奢。”随着清朝统治的日趋腐败和对人民剥削压迫的加重，国内阶级矛盾日益激化，人民群众的反抗斗争此起彼伏。清王朝的统治面临着深刻的危机，中国的封建社会已步入黄昏。

正当清王朝落日将斜的时候，英、法、美各国的资本主义却处于迅猛发展阶段：英国于 18 世纪 60 年代开始了工业革命，到 19 世纪三四十年代，大机器工业逐渐代替了工场手工业，工业的发展，使得工业产品产量急剧上升，对外侵略需求不断增加；法国于 18 世纪晚期开始了工业革命，并一路发展成为当时仅次于英国的世界第二工业大国，在巨大经济利益的刺激下，法国也牢牢盯住了中国这块“肥肉”；美国虽然也展开了大刀阔斧的改革，但在 19 世纪中叶仍没有足够的力量独立侵犯中国，因此，在这场侵略战中，美国充

鸦片趸船

当了英国侵略者的“帮凶”；俄国自1861年农奴制改革后，资本主义工商业迅速发展，他在北面虎视眈眈地注视着中国，随时准备夺取中国的广大领土。

“不断扩大产品销路的需要，驱使资产阶级奔走于全球各地。”在发动武力入侵之前，经济盘剥首当其冲，大批资本主义国家由于经济危机造成的多余产品被源源不断地运到中国，通过海关流入国内市场。自此，中国开始了被迫通商。

“鸦片烟流毒，为中国三千年未有之祸。”对于这个苦难深重的东方古国来说，首先，1840年鸦片战争后，鸦片的大量输入，使中国每年白银外流达600万两，国内银贵钱贱，财政枯竭，国库空虚，造成了严重的银荒。其次，鸦片的输入严重败坏了社会风尚，摧残了人民的身心健康。最后，烟毒泛滥不仅给中国人的精神、肉体带来伤害，同时也破坏了社会生产力，造成了东南沿海地区工商业的萧条和衰落。

二、几千年来中国农民战争的最高峰——太平天国运动

鸦片战争中，清政府耗费了大量军费，大大加重了人民负担，使得国内阶级矛盾空前激化，农民起义风起云涌。此后，洪秀全领导的规模巨大的太平天国起义爆发了。1851 年，洪秀全发动了金田起义。1853 年，太平天国定都天京，并颁布了《天朝田亩制度》，建立了太平天国政权，还派了两支人马北伐和西征。后来，湘军疯狂反扑，太平军连连失利。1855 年，石达开指挥西征军大败湘军，太平天国进入了军事上的全盛时期。就在太平天国军事上取得巨大胜利的时候，领导集团内部矛盾激化引发的天京事变却使得太平天国元气大伤。1864 年 6 月，洪秀全病逝。7 月，湘军冲入天京城内，天京陷落，轰轰烈烈的太平天国运动由于中外反动势力的联合绞杀而失败了。太平天国坚持战斗 14 年，势力发展到 18 个省，是中国近代史上一次伟大的反封建反侵略的农民运动它建立了政权，颁布了《天朝田亩制度》，沉重打击了中外反动势力，是几千年来中国农民战争的最高峰。

洪秀全

凡分田照人口。不论男妇，算其家口多寡，人多则多分，人寡则寡分，杂以九等……凡天

《天朝田亩制度》

下田，天下人同耕……有田同耕，有饭同食，有衣同穿，有钱同使，无处不均匀，无人不饱暖也。

——《天朝田亩制度》

太平天国占据了中国大片江山，这是中国最繁华、最富庶的地区。虽然西方侵略者强迫清政府签订了一系列不平等条约，攫取了许多权益，但太平天国概不承认，这也使得侵略者攫取的权益在中国最繁华、最富庶的地区无法兑现，大大推迟了西方列强把中国迅速殖民地化的阴谋。

与此同时，太平天国的一些领导人，开始从西方寻求真理，探索中国独立、富强的途径，勇敢地担负起反封建、反侵略的责任。实际上，中国之所以没有像印度那样成为英国的殖民地，正是由于中国人民前仆后继、坚持反侵略斗争的结果。

太平天国大事表

年 代	事 件	影 响
1851 年	金田起义	开始标志
1853 年	定都天京	正式建权
	天朝田亩制度	建国纲领
	北伐西征	走向全盛
1856 年	东征	由盛转衰
	天京变乱	
1859 年	《资政新篇》	发展资本主义
1864 年	天京陷落	失败标志

三、中国近代化迈出的第一步——洋务运动

鸦片战争后，西学东渐逐步成为一种发展方向。在与洋人打交道的过程中，统治阶级内部的一些有识之士意识到“中国欲自强，则莫如学习外国利器”。生产更多的机器，成为近代中国人孜孜以求的梦想。

盛极必衰，物极必反。社会前进的关键就在这方生未死之间。清政府长期的闭关锁国政策，使清王朝昧于世界局势，一味地夜郎自大，成为中国近代化的主要障碍。太平天国覆灭后，清廷元气大伤，而域外豺狼正虎视眈眈：

江南制造局炮厂

英法联军于1856年发动了第二次鸦片战争，从政治、经济、文化等各方面加紧侵略，逐步把中国卷入世界资本主义体系当中，成为清王朝的“外患”。面对“数千年来未有之变局”和“数千年未有之强敌”（《筹应海防折》《李文忠公全集》奏稿卷二四），统治阶级中的有识之士开始寻求一种比较现实而有效的办法，以解除内忧外患。这样，开明务实的洋务派也就应运而生了。

洋务运动的主旨是“中学为体，西学为用”。洋务派主张学习西方、发展实业、商战固本、求富自强，所以在制度和思想上原本并没有打算引进西方的文化、制度，而是希望引进并发展军事、工业等技术层次上的先进之处。在得到统治者的肯定后，洋务派的很多改革理想得以化为现实。他们坚持对外开放，陆续创办了一批军事企业、民用企业及近代海军，创办了新式学堂和派遣留学生，从而推动了中国的近代化进程，使之迈出了艰难而沉重的一步。尽管洋务运动最终

魏源

西方列强的入侵，打开了闭关自守的中国大门。

随着甲午中日战争北洋水师的全军覆灭而宣告失败，但它顺应了历史的发展趋势，为中国近代化迈出了第一步。

“今日和议既成，中外贸易有无交通，购买外洋器物，尤属名正言顺。购成之后，访募覃思之士，智巧之匠，始而演习，继而试造，不过一二年，火轮船必为中外官民通行之物，可以剿发捻，可以勤远略。”（曾国藩《复陈购买外洋船炮折》）曾国藩的奏折，一般认为是洋务运动的初衷和目的。

第二节 士农工商——展开近代山西历史生活的画卷

封建，意味着等级森严，意味着统治与被统治。

自战国时期的商鞅实行变法、推行“重农抑商”政策起，至清朝末年，中国已经历了两千多年的封建统治。儒家的“士农工商”四等划分及“重农轻商”理论被历朝历代的统治者引为经典。在漫长的历史发展进程中，这些理论在大多数时间里维系了社会的正常发展，直到封建社会发展的末期，才转变为社会的阻碍。

在争矿运动发生之前，山西的经济状况和同时期全国各省相比，一直都是名列前茅。山西作为中华民族古文明的发祥地之一，早在三千多年前的旧石器时代，就已经是中国的政治、文化和经济生活的中心。

关键词：士人　农业　晋商

西周晋国曾称霸中原将近百年，《侯马盟书》记载，当时晋国“政平民阜财用不匮”。在秦汉时，晋阳（太原）的手工业已经达到了相当高的水平。在唐天宝年间，河东道（今山西省，因位于黄河之东，故又名河东）的粟储量达 350 万石，居于全国的第二位。北宋时，中央政府在今岚县、保德县、河曲县设立贸易场所，而山西的盐铁亦有“河东盐铁之利甲天下”的美誉。元朝山西炼铁业空前发达，《元史》上说，晋宁路得上水，在北方仅次于大都路，远在其他诸路之上。明朝时，山西的农田水利工程达到 97 处，超过陕、豫两省的总和。在当时全国的十三大冶铁所中，山西独占五所。潞、泽两州（晋南两地的古称）“登机鸣杼者数千家”，是北方最大的丝织中心。当时山西之富闻名国内，“富室之称雄者，江南则推新安，江北则推山右（山西的别称）。山右或盐、或丝、或转贩、或窖粟，其富甚于新安”。可见，山西是当时全国最富的省份。清朝时，介休县范氏经营对日本的洋铜贸易长达 70 年之久，成为上通朝廷，下连市井，外达日本的商业巨贾。祁县的“大盛魁”，拥有两万多头骆驼，常年往来于莫斯科、恰克图、归绥、开封等地。山西票号在其极

晋商驼队，积极拓展市场，不畏艰险，长途跋涉。

盛时期，不仅遍布全国几十个城市，而且在朝鲜仁川，日本大阪、神户、东京等地设庄。

《管子·小匡》:“士农工商四民者，国之石（柱石）民也。”所谓“士农工商”四民，是指读书、种田、做工及经商的四类人，按照封建统治者的观念，被分为上、中、中下、下四类人，千百年来，这种等级观念一直延续了下来。然而，山西作为一个“老老实实”的内陆省份，在明清时期，尤其是清朝末年，却对这种等级观念拥有了如此大的颠覆，实为异数。

一、士

“学而优则仕”，自隋唐建立科举制度起，读书一直是老百姓心中改变地位的唯一出路。汉武帝“罢黜百家，独尊儒术”，“儒生儒士”自此几乎完全占有了知识分子阶层，成为掌握知识和学问的唯一社会阶层。其他阶层则基本处于文盲和半文盲状态。千百年来，“读书人”一直被赋予更深层次的精

“汇通天下”的平遥日昇昌票号

神内涵，他们意味着高贵、秉直、傲骨以及忠诚。

但是，在三晋商民心目中，“弃仕从商”却被化为了一句俗语，“秀才进字号——改邪归正”。在晋商世家中也曾流传着一条不成文的规矩，这就是一二流的子弟经商，三四流的子弟走科举之路。这种大胆的做法把几千年的神圣观念打翻在地，将原先“士、农、工、商”的排列来了个大逆转。但是，一个无法掩盖的事实是，明清时期山西无人中状元，而且榜眼、探花数额排行榜上，山西位列倒数第三，而唐朝时山西恰恰是正数第三。这种颠倒，正是因为许多俊秀之士加入了晋商的队伍。

二、农

“你织布来我耕田，夫妻双双把家还”，这句戏词正是对封建社会男耕女织生活的典型写照。诚然，“民以食为天，食以粮为主”，历朝历代的统治者始终采取“重农抑商”的政策，这种政策既可以“限制农业人口流失”，压制工商业，控制人口迁移；又可以“鼓励生育”，增加劳动力资源；同时可以“屯田开荒，增加农业人口比例和耕地面积”。可以说，对于生产力极度低下的封建社会来说，保障了农民的根基地位也就保障了国家的稳步前行。

山西是中国农业生产历史最悠久的省份之一，然而，山西也是农业生产比较落后的地区。在明清时期，受地理位置、相对贫瘠的土地和浓厚的经商风气等影响，山西农业发展日趋落后。进入到近代，随着商品经济发展，山西鸦片种植盛行，农业受到鸦片种植的沉重打击，境况堪忧。

三、工

“工欲善其事，必先利其器。”“工”作为封建社会的第三阶层，负责了社会其他生活物资和劳动生产工具的生产和改进。除了吃饱肚子之外，人们还需要必要的生活用品和其他生活物资，进行劳动生产也需要工具，他们是社会链条中不可或缺的一个重要组成部分。

儒家向来反对“工”在“奢侈品”方面的贡献，并称之为“奇淫巧器”，这种根深蒂固的思想是导致近代中国没落的原因之一。在此思想的影响下，山西的工业发展相对缓慢，近代工业的产生也较其他地区晚，这一点，我们在后面还会详细讲到。

四、商

《乔家大院》、《白银帝国》等一系列反映晋商的影视作品一改人们对于山西“黄土、煤尘、贫困”的普遍理解，复原了三晋一个世纪以及更早以前的“旧貌”。余秋雨先生在《抱愧山西》中也曾说：“在上一世纪乃至以前相当长的时期内，中国最富有的省份不是我们现在可以想像的那些地区，而竟然是山西！直到本世纪初，山西仍是中国堂而皇之的金融贸易中心。北京、上海、广州、武汉等城市里那些比较像样的金融机构，最高总部大抵都在山西平遥县和太谷县几条寻常的街道间，这些大城市只不过是腰缠万贯的山西商人小试身手的码头而已……”因印象的斑驳冲折，山西在人们的眼中便多了几分神奇。

乔致庸

商人在三晋大地上可谓是吐气扬眉。山西商人的活跃，古代文献多有记载，到明清已在全国闻名。在明清500多年的历史里，山西商人，尤其是首创中国历史上票号的山西票号商人，可谓显赫一时，风光无限，当时晋商票号建立的金融帝国被西方称为“中国的华尔街”。朴实、诚信的山西商人，一扫其他各省对于商人的压制和鄙视，形成了晋商圈中“贾而优则学”、“贾而优则仕”的风气。无数优秀的学子都投身于晋商队伍中，晋商巨子乔致庸，票号鼻祖雷履泰，弃文从商的渠本翘，都曾在这片土地上创造了举世瞩目的经济奇迹。

山西商人的贸易范围遍及欧亚各地，南至香港、加尔各答，北到伊尔库茨克、西伯利亚、莫斯科、彼得堡，东起大阪、神户、长崎、仁川，西到塔尔巴哈台、伊犁、喀什噶尔，都留下了他们的足迹。有些商人甚至能用蒙古语、哈萨克语、维吾尔语、俄语同北方少数民族和俄国人对答如流。无怪乎在东北流传着“先有曹家号，后有朝阳县”，在内蒙古流传着“先有复盛西，后有包头城”，在西北流传着“先有晋益老，后有西宁城”的谚语。山西商人经商的地域之广，人数之多，的确是令后人叹为观止的。

虽然晋商在清朝后期由于国势衰微、对俄茶叶大战中受挫、投资矿业失败、墨守成规、丧失机遇等原因逐渐衰落了，山西也开始在中国经济舞台上变得较为平淡，但山西商人并未退出历史的舞台，在接下来的保矿运动中他们起到了举足轻重的作用。

当时，以国际金融业务的开创者闻名于世的晋商，把银行开到了日本和朝鲜，掌握着当时世界最先进的金融工具和雄厚的资金。然而，在争矿运动发生之前，晋商并没有介入矿产资源开发，而是被动地参与了赎回资源的行动。如果说当时晋商已步入衰落，没有实力，那为什么又在事后组建了保晋公司呢？这些看似相悖的矛盾因素，反映出当时政治、经济、金融体系和信息沟

乔家大院

通等方面存在的问题，值得人们深思。

晋商的集体智慧为海内外人士所叹服。在“日升昌”太原票号的经营史上，从未发生过款项被人冒领之事，这根源于日升昌严密的保密方式。1824 年，“日升昌”在太原设立分号。省城分号的业务，主要是“票”（汇票），票的制作和书写，其保密性有极为严格的要求，绝不允许有任何的差错。当时太原作为晋商的大本营和货物集散地、给养补给站，引进了当时世

延伸阅读

中国第一家票号——日升昌，坐落于“大清金融第一街”平遥古城西大街的繁华地段。它是中国现代银行的开山鼻祖。从清道光初年成立票号到歇业，历经一百多年，曾执中国金融之牛耳，分号遍布全国 35 个大中城市，业务远至欧美、东南亚等国，以“汇通天下”闻名。

日升昌内享誉国内外的“汇通天下”牌匾

界上最先进的印刷技术。因此“日升昌”太原票号的汇票采用了“水印”法印刷，并在关键部位加盖戳印。汇票的印数及领用均有严格控制。

当晋商前往江南、西北、东北及国境边贸进行交易时，汇票由“日升昌”太原票庄的专职人员用毛笔书写内容。其笔迹同时通报“日升昌”遍布全国的 51 家大小票号。汇票书写时实行以汉字代表数字的密码法，并且定期改换，以防泄密。如“日升昌”太原票号留存在中国历史博物馆的一份防假密押是：“谨防假票冒取，勿忘细视书章”，12 个字表示 1 至 12 个月；“堪笑世情薄，天道最公平。昧心图自私，阴谋害他人。善恶终有报，到头必分明”，30 个字表示 1 至 30 日；“坐客多察看，斟酌而后行”，10 个字表示银两的 1 至 10；“国宝流通”，表示万千百两。例如票号在 5 月 18 日给某省票号分号汇银 5 000 两，其暗号代码为“冒害看宝通”。这些密押外人是根本无法解密的，充分体现了“日升昌”票号经营者的聪明才智。

第三节 庚子骤变——三晋大地狂飙突起

世事如弈棋，历史似漩涡。在无尽的历史漩涡中，存在于这个历史时代的芸芸众生，谁都无法真正脱离社会时局，“羽化而登仙”。在民族危机、困境、隐患面前，终于有人从混沌中睁开双眼看看那曾经不屑一顾、今日令人诧异的“蛮夷”之邦，并为心中只有“天朝上国”的同胞敲响了警钟。

牵一发则动全身，大西洋边上蝴蝶轻轻的一扇，就有可能引起整个太平洋的狂飙巨浪。正如同西方列强的入侵带来了中国的近代化工业一样，“国难当头”的中国人用尽一切力量抵御侵略，盲目排外、仇洋拒夷，在滥杀与御侮、学习与排外、感情与理智中，是非曲直已是难分。

关键词：山西义和团运动　庚子骤变　毓贤　慈禧“西幸”

义和团起义，山西全省卷入了这一反帝国主义怒潮。在起义中，义和团为抵御强虏、保家卫国最终酿成愚昧排外的狂戮滥杀。在 1900 年的庚子骤变中，山西所杀教士、教民之多，地方性赔款之巨均居全国之首。因山西杀洋人较多，辛丑议和时，外国提出不许山西杀过洋人的地方办科举考试。因此，欲谈西学入晋、工业发轫，尚需从庚子骤变说起。

据记载，庚子年夏，三晋大地雷鸣雨作、狂飙骤起。隰州、孝义、大宁、泽州、宁乡、临县、寿阳、阳曲、五台、徐沟、潞城、高平、长子、汾州、忻州、曲沃、河津、文水、蒲县等，十一州、六所、四十余县“神拳”纷起，遍于阖邑。拳坛、揭帖随处可见。义和团、红灯照“头裹红巾，腰缠红带”，喝符念咒、舞刀习棒。各路神仙一个个竞相附体“显灵”，桃园结义“刘、关、张”，杜妖破邪“张天师”，以及“赵云”、“真武”、“白袍”、“黄天霸”等各率麾下之兵杀洋灭教、引吭高歌：“天不雨、地焦干，只因鬼子遮住天”，“义和团，杀洋人，一杀杀一个红顿顿”。

一、毓贤的仇视

山西义和团发展迅速，焚烧教堂 90 余所。191 名外国教士、修女，6 000

余名教民一月之间均成刀下之鬼。这与晋抚毓贤利用义和团盲目排外关系密切。

庚子年初，素以“武健严酷、不喜洋务”见称的新任山西巡抚毓贤来并赴任。新官上任权倾一省，本当踌躇满志、春风得意的抚台大人毓贤却是满腹怒气。原来，毓贤抚晋前曾任山东巡抚，因镇压义和团不力，各国公使和传教士“啧有烦言”，胁迫清政府将其革职,并把“永不叙用”的上谕公布于《京报》。后来由于端王载漪、庄王载勋、大学士刚毅等从中斡旋，毓贤才得以继续为官，放任山西。

义和团“守望相助”旗

虽然乌纱帽失而复得，但毓贤的这口窝囊气却难以忍受。因此,在上任伊始他便自诩为义和团首领,“屡言杀洋灭教之事，属员中有是之者超迁，有非之者黜革”。自此以后，即使是宦海中人也不敢随意诋毁义和团。

6 月下旬，“北方义和团”进入太原城，在抚院前设坛练拳。凡练拳者欲求“刀枪不入”之术，只要向东南方拈香三炷，跪拜默诵“唐僧、沙僧、八戒、悟空，学艺学艺，一心熟艺”，便觉“神灵附体”，手舞足蹈、如醉如痴。练毕以土抹面，诵咒再练，如此反复再三即可“出神入化”、“人难窥测”、“呼风唤雨”、“刀枪不入”。凡妇女练习红灯照者，据说经过七七四十九天的练习之后，可步行水上而不湿，并可腾空而飞，又手中扇子一挥，则敌人大炮不响，或者船舰房屋会自然起火等等。不到一个月间，山西境内拳坛林立，民教冲突一触即发。

面对这一情况，坐镇省城太原的晋抚毓贤却喜不自胜。在他看来，这些“刀枪不入”的“天兵神将”便是其“一吐恶气”的有力保障。因此，他将拳民迎入抚衙待如上宾，设坛练拳、拈香诵咒，伺机杀洋灭教。

1900 年 6 月 27 日晚八点，义和团云集在东夹巷教堂前意欲焚烧教堂，教堂武装开枪射击，打死、打伤五人。霎时，群情激愤，将一持枪外冲的英国女教士投入火中。耶稣医院和教堂亦相继起火，“一夜之间，尽成灰烬”。

省城教堂被焚，全省35 000余教士、教民人人自危、惶惶不可终日。正值此时，西太后谕令各地督抚：凡在内地之洋夷，严密约束。如有趁机作乱，或谋内应者，着即就地正法，毋稍宽纵。对此“相机剿办”之命，各地督抚都态度暧昧，探风观望，唯有晋抚毓贤不听谕令，与京、津呼应，对洋人不遗余力地大开杀戒。

7月9日，毓贤督兵至太平巷客馆，亲自手刃法国艾主教，并下令将集中于此的大小洋人51人，及“同恶相济”教民17人“枭首示众、剖心弃尸”。翌日，义和团在法国教堂搜出正在祈祷的及笄、垂髫之女200余名。毓贤将其安置于桑棉局令民领娶，“每女二金”。

在毓贤“教民罪大，焚烧由汝为之，勿任地方官阻止”的煽动、放纵下，山西滥杀教民之风大兴，焚烧教堂之火四起。晋抚毓贤奉那拉氏密谕召集拳民成团，大杀教士、教民，把一场炽烈的反侵略斗争引向了不分良莠、单纯仇教排外的歧路。当八国联军侵入京畿时，那拉氏便将毓贤一脚踢开，以“妄信拳匪邪术……戕害教士、教民多命，尤属昏谬凶残”之罪，把所有责任推在毓贤的身上，将其斩首“以谢各国”。而毓贤也甘受其责，临刑前还自挽曰：“臣罪当诛，臣志无他，念小子生死光明，不似终沉三字狱；君恩我负，君忧谁解，愿诸公斡旋补救，切须早慰两宫心。”他至死仍愚忠于清廷，结果

毓贤

延伸阅读

毓贤（1842年—1901年2月22日），字佐臣，是清朝末年著名的酷吏和极端排外人士。内务府汉军正黄旗，以捐官出身。监生，以纳赀为同知府。

充当了那拉氏对外投降的牺牲品，了却了自己的一生。

毓贤1889年任山东曹州知府，以善治盗闻名。任职期间，不分良莠，一以诛戮为事，残酷镇压人民的反抗斗争，颇得上司赏识。1896年升至山东布政使；湖南江宁将军。1897年山东发生曹州教案，大刀会杀德意志联邦共和国教士二人，原山东巡抚李秉衡免职。毓贤因为血腥镇压曹州人民，官愈升愈大，继而于1899年升任山东巡抚。毓贤认为“民心可用”，对义和拳采用抚的办法，将其招安纳团。于是义和拳成了合法组织义和团，并授“毓”字旗。毓贤纵容拳民烧教堂，杀教士；教士求保护，毓贤下令置之不理。后清廷受外国压力将毓贤撤职。

毓贤在京向端王载漪、庄王载勋、大学士刚毅等力荐拳民可用，获准面见慈禧太后。1900年毓贤被重新起用为山西巡抚。任山西巡抚时，毓贤有意利用义和团来打击帝国主义势力，排外更加激烈，唆使义和团焚烧教堂及屠杀教民，对拳民首领款若上宾。1900年6月15日，榆次县什贴镇义和团进入太原时，他将义和团迎进巡抚衙门，甚至发布告示，表示“支持”义和团打击帝国主义势力。之后对传教士假称兵力不足，未能在各县对其保护，设计命全省教士集中到省城太原一室之内，于7月9日，在巡抚衙门西辕门前，毓贤将这46人尽数杀害，妇孺皆不免。山西全省共杀传教士191人，杀死中国教民及其家属子女1万多人，焚毁教堂、医院225所，烧拆房屋两万余间，是各省中死人最多的一个省。事后，为此付出的抚

虎门大炮

恤金和丧葬费等赔款计四百余万两白银，并停止山西人士参加科举考试的资格若干年。

毓贤其人虽然以残忍著称，但并不贪污。因此毓贤死后山西还有人建祠堂供奉他，但被清政府勒令拆掉。

八国联军攻占北京时，联军指毓贤为排外仇教的“罪首”。1900 年 9 月 26 日，清廷为了不受连累，将山西巡抚毓贤革职，发放新疆。1901 年 2 月 13 日，清廷下令加重对“首祸诸臣”之惩处：毓贤即行正法。诏书在甘肃追上了毓贤。22 日，毓贤被斩于兰州。

据说李鸿章临终时嘴里还在痛骂“毓贤误国”。

二、慈禧“西幸”入晋

庚子骤变，英、俄、日、法、德、美、意、奥八国联军于 8 月 14 日侵入京畿。城破之前那拉氏挟光绪帝便服仓皇出走，星夜逃遁。一路风餐露宿、粒米未进，只能以秫秸秆解渴充饥。入夜，帝后二人在仅有的一条板凳上“相与贴背共坐，仰望达旦”，“蓬首垢面，憔悴已极”。

8 月 19 日，两宫车驾至并，省城自潘司以下文武官吏齐集城外迎驾至抚署。

为了向八国联军献媚求降以换取“两宫仍旧临朝”，那拉氏坐镇太原颁布上谕，通令清朝官兵对义和团“痛加剿除，以清乱源，而靖地方”。仅太原一地就有数十名义和团成员惨遭杀戮，其首级还被解归原籍枭首示众，毓贤等二十余名晋省官吏也落得个革职杀戕发配充军的下场。

“清朝皇帝真稀松，慈禧太后太无用，见了鬼子身打抖，见了百姓抖威风。”那拉氏在山西刚抖起“老佛爷”的威风就闻洋兵入晋，恐慌不已，遂又马不停蹄起驾赴陕。正值国难当头、晋省危机之际，那拉氏还是大肆铺张，骄奢淫逸。

唯恐丢掉乌纱帽的各地方官吏，都尽心竭力操办“皇差”。他们在圣驾所经各县都分村划界，修跸道、筑行宫、备膳食、献珍玩。跸道必须黄土垫道、清水泼街，做到路平坦、无尘扬；行宫务须修葺彩画、张灯结彩、富丽堂皇。

慈禧太后

在太原县驻跸用饭一次，知县顾光照就奉命召集全县百姓齐集小店办理皇差。备行宫公馆四十余所，鸡鸭各数百只，猪羊等肉万余斤，麦面二万斤，料豆麸子二万八千石，谷草百余万斤，煤炭十万斤，干柴十七万斤，纸张百余匹。到徐沟，只行宫装饰用品一项就用红毡千丈、绸缎万丈、灯具千数。价值白银五万两。那拉氏衣食住行之所在，都是红毡铺地，绸缎遮墙。

在两宫“西幸”期间，护驾之兵奸淫掳掠，太监夜宿民居蹂躏妇女，沿途耗费民脂民膏，筹备巡幸之需……名目繁杂，令人发指。清廷此番“西幸”宛如祸水入晋。

19世纪末，中国北方兴起义和团运动，慈禧最初主剿，但镇压屡屡失败，义和团迅猛发展并进入北京。慈禧希望剿抚并用，区别对待义和团，但列强要求清政府完全剿灭义和团，并且不顾清政府的反对，坚持调兵进京。慈禧素来对洋人不满，于是产生了利用义和团对抗列强的想法，当她看到一份所谓的“洋人照会”，要勒令她归政后，更是忍无可忍，决定对列强宣战。但是，慈禧的决定，遭到了刘坤一、张之洞等地方督抚的反对。他们联名电奏清廷，力主剿团乞和，并与列强订立条约，实行“东南互保”。慈禧的决心开始动摇。她一方面要求各省将军督抚认真布置战守事宜，继续利用义和团围攻使馆、抗击八国联军；另一方面，她令荣禄前往使馆慰问各国使臣，又分别致国书于俄、英、日、德、美、法等国元首，请他们出面“排难解纷”、“挽回时局”，又将两广总督李鸿章调任直隶总督兼北洋大臣，准备与列强谈判。但是，八国联军并没有停止进攻。1900年8月14日，八国联军攻入北京。次日凌晨，慈禧带着光绪帝仓皇逃出北京。令奕劻、李鸿章为全权大臣，与列强进行谈判，把战争的责任推到义和团身上，下令对义和团“痛加剿除”。第二年2月14日批准《议和大纲》，并发布上谕，表示要“量中华之物力，结与国之欢心”。1901年9月7日，清政府与11个帝国主义国家签订了丧权辱国的《辛丑条约》，条约规定赔偿白银4.5亿两，惩办主战官员，拆除大沽到北京沿线所有炮台等。至此，中国半殖民地半封建社会完全确立。1902年初，慈禧与光绪帝回到北京。

匆忙出逃的慈禧太后

延伸阅读

慈禧太后，孝钦显皇后，满族，1835年11月29日（道光十五年十月十日）—1908年11月15日（光绪三十四年十月二十二日），又称“西太后”、“那拉太后”、“老佛爷”，徽号“慈禧端佑康颐昭豫庄诚寿恭钦献崇熙”。咸丰帝的妃子，同治帝生母，光绪帝养母。

慈禧原打算落脚太原，但是正赶上山西大旱，供给困难，又听说德法联军要进入山西，他们就决定转往陕西西安。闰八月八日，慈禧继续西逃，不过这段行程已经没有当初离开北京时的慌乱和狼狈，随行人员和官兵都大有增加，大小官员更是尽心尽力，沿途官兵肃立护卫。慈禧的大队人马于光绪二十六年（1900）九月初四到达西安。

第四节 西学入晋——义和团运动的产物

西学东渐是指近代西方学术思想向中国传播的历史过程，作为史学术语，通常是指在明末清初以及晚清民初两个时期之中，欧洲及美国等地学术思想的传入。

关键词：庚子赔款 西学 山西大学堂 东西斋

1900 年，中国因爆发义和团事件，导致八国联军入侵，朝廷内部顽固保守势力也受到严重打击。在改革势力的呼吁下，慈禧同意开始推行康梁在戊戌变法中所提出的改革方案，是为清末新政。其中影响最大的政策，是光绪三十一年（1905）9 月 2 日，清政府废除了延续 1 000 多年的科举制度，开始兴办新式学堂。到辛亥革命前，全国已经有 6 万多所新式学堂。废除科举后，大量以参加科举谋求官职的传统文人失去了出路。

据史料记载，八国联军侵占北京后，以晋省所杀洋人、教民太多，“必欲报复”为由，兵分四路进迫大同、平型关、娘子关和龙泉关。德国军队在提帅磨什拉率领下经龙泉关一直打到五台县长城岭铜钱沟。清军守将马玉昆畏敌如虎，不战而退。娘子关守军毙敌千余名后伤亡甚重，退居平定西南松塔镇，致使山西门户洞开。联军所到之处烧杀掳掠无恶不作，三晋百姓备受蹂躏。

一、庚子赔款

在“联军压境，全省岌岌”之时，新任山西巡抚岑春煊电请在上海的英国总教士李提摩太来并“议结教案”，并派曾在英国学过国际公法的四人驰往固关，单骑面见法德联军司令，答应严惩杀戮中外教徒的官民和赔偿抚恤费，但“贵军必须远退，方能如命”。几经折冲，法德联军才退驻河北。与此同时，清廷议和全权大臣李鸿章也电邀李提摩太到京，请他“设法找到一个除用兵山西以外的赔偿办法”。

1901年3月26日，李提摩太由沪抵京，先后面见英、美、加三国公使和天主教主教，征求他们对解决教案的意见。天主教神父向岑春煊提出的条件有三：一、腾出巡抚衙门或山西最大的书院——令德堂，以代焚烧的教堂的住宅；二、迁走义和团中心——太原县晋祠镇和榆次什贴镇的居民，拨归教徒占用；三、赔偿抚恤费1 000万两。

"人为刀俎，我为鱼肉。"此时的清王朝早已政权衰微，不得不屈服于联军大炮的淫威。岑春煊虽多方奔走、反复交涉，最终还是交出225万两白银了结天主教案。这200余万两白银实乃区区之数，为晋省赔款的零头，还不包括各国教会的零星勒索，仅《辛丑和约》中山西分担承付之款就多达45 357 000两之巨。触目惊心的巨额赔款大大遏制了山西经济的进一步发展。

"墙倒众人推"，为虎作伥的贪官污吏们为坐收渔翁之利，巧立名目、肆意加税，四处催

延伸阅读

太谷孟家花园被美国公理会教堂霸占后，诗人曹润堂曾愤懑地写道："往事难回首，闲来忆归游。昔年争作主，此日却添愁。花影空庭宿，泉声古洞流。题诗应在否？触目恨悠悠。"诗人咏物抒怀之作，是100余年前山西惨痛过往的缩影。

《辛丑条约》签订的场景

逼大发国难财。奸商市侩亦趁机兴风作浪、囤积居奇，“百物腾贵，粟价亦昂”，食盐每斤由二十钱一筋斗跃至四十钱，其余各物也“水涨船高”毫不逊色，山西百姓的生活倍加困顿。

二、李提摩太的斡旋

李提摩太

当激怒的列强乘战胜余威尚在，不断勒索巨款、强占晋民宅地之时，英国传教士李提摩太则不主张“以仇报仇”，愿“宽宏大量”解决耶稣教案。他认为晋省滥杀洋人皆因风气闭塞、文化落后、百姓愚昧无知。遂于4月26日面见李鸿章，提出用赔款在太原设立一所中西大学堂以传授西学、启迪民智。李鸿章一听此话喜出望外、倍加赞赏。双方在《上李傅相办理山西教案章程十条》中规定：

> “共罚山西全省白银五十万两，每年交银五万两，以十年为期。但此款不归西人，亦不归教民，专为开导晋省人民知识，设立学堂，教育有用之学，使官绅士庶子学习，不再受惑，选中西有学问者各一人总管其事。”

当时山西的爱国人士认为这是英国要整个地拿山西的教育权，从精神上奴役山西人民，比义和团所反对的更加凶恶了。于是，“晋阳书院”怎样？“令德堂”怎样？大学堂的学员从何处来？这个大学堂由什么人管理？等等问题，都成为山西学界的话题，更是山西学界几位高级士绅的话题。另一方面，虽然太原设立近代化学堂规定“十年为期，期满即将大学堂管理权交还山西当局”，但晋抚岑春煊感到由洋教士用罚款办学太失中国颜面，便匆匆上奏，另筹资金，将“令德堂书院”改名为大学堂以抵制李提摩太来并办学。

“志在中国十八省省会各设一所高等师范学校”的李提摩太风闻岑巡抚先于自己开办学堂及其目的之后，便向清廷施加影响，要求中西兼顾，勿使偏废。

两相交战，各退一步。清廷几经“协调”，岑李二人方才“握手言和”，决定中西合办山西大学堂，下设中西两斋，各司其事。中学专斋仿效“令德堂”旧制，分为经、史、政、艺四科以造就“忠君爱国”之国家栋梁；西学专斋则开设英文、算学、物理、化学、地理、历史（世界史）、绘画、体育等课。中西两斋各招学生二百，毕业后分别授予贡生、举人。倘若愿意继续深造，可自愿报名，资以官费分赴日、英留学。

1902 年 4 月 3 日，李提摩太偕同所聘总教习敦崇礼、分教习化学教授常新富及六位中国教师兴致勃勃抵并办学。6 月 7 日，中西两学堂合二为一，并于翌年春在侯家巷购买民地二百余亩修建校舍，两斋同时迁入。至此，继 1898 年京师大学堂（即今北京大学）成立之后，全国第二所大学——山西大学堂问世。

就这样，一百年前李提摩太第一次把西方科学知识介绍到山西，使长期被孔孟诗书禁锢的三晋透进了一丝西学的清新空气。

李提摩太 24 岁来到中国，以传教士、慈善家、“西学权威”、中国通、文化人等多重身份久居中国 45 年，特别是他在晋办学赢得各界好评与世界注目。教会中人称他为“海外布道英雄”，“中华第一良友”；美国勃朗大学、佐治亚大学及英国威尔士大学分别授予他文学、法学博士；清朝廷赏赐他头品顶戴、双龙宝星勋章，光绪太傅翁同龢盛赞其“豪杰人也”；维新派康有为评价他“广宣教惠，日以救人为本，至德感人，中外

延伸阅读

李提摩太（Timothy Richard），英国人，1870 年到中国传教。1877 年，李提摩太来晋结识了山西巡抚曾国荃。从此以后，他多次向山西官绅讲演，传播西方科学技术和文化知识，建议设学校、修铁路、开矿藏，并于 1902 年利用部分庚子赔款创建了山西大学堂，从而开创了山西教育的新纪元。山西大学堂分中、西两斋，李提摩太主持西斋教务，并聘请一批中外学者翻译出版了《迈尔通史》、《最新天文图志》、《最新地文图志》、《欧洲商业史》等重要著作和算术、代数、植物学、动物学、生理学、矿物学、物理学、地文学等多种教科书，为传播西方科学起到了促进作用。

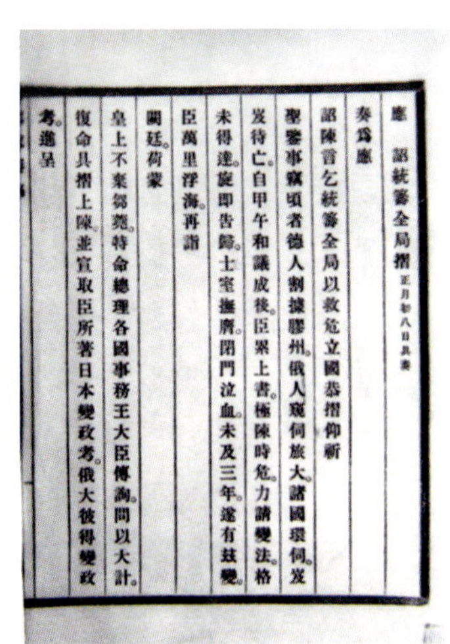

應　詔統籌全局摺 正月初八日具奏

奏為應

詔陳言乞統籌全局以救危立國恭摺仰祈

聖鑒事竊頃者德人割據膠州。俄人窺伺旅大。諸國環伺。岌

岌待亡。自甲午和議成後。臣累上書。極陳時危。力請變法。格

未得達。旋即告歸。士室撫膺。閉門泣血。未及三年。遂有茲變。

臣萬里浮海。再詣

闕廷。荷蒙

皇上不棄芻蕘。特命總理各國事務王大臣傳詢。問以大計。

復命具摺上陳。並宜取臣所著日本變政考。俄大彼得變政

考。進呈

《应诏统筹全局折》

仰垂极重”；晋抚岑春煊称之为“办事和平……宅心公正，其爱晋之意，似尚非虚”。李提摩太在晋办学的动机虽然出于传播耶稣教福音，但客观上为山西培养了一大批文教科技人才和兴办近代工矿企业的中坚。许多学生并没有走火入魔、皈依上帝，而是以清醒的头脑、全新的思维、炽烈的热情投入保矿运动和兴办实业的社会大潮，充当了埋葬清王朝的掘墓人，这是李氏办学所始料不及的。

大学堂的历史性变革奠定了西学在晋立足的根基，但办学所需教本却无从着落，因为太原尚无近代印刷所，原有的官办“浚文书局”只能印官版正字的四书五经，实难担当传播新学媒介之重任。为了收求教本，李提摩太漂洋过海、东渡扶桑，广泛收集东瀛翻译的西方大、中、小学教本，悉心考察其近代化教育。

西学入晋、学堂兴起并非发生于太平盛世，而是别人拎着我们的耳朵要动刀抹脖子的时候，这就难免令世人愤愤不平，一丝苦涩始终萦绕心头，对李提摩太等一言蔽之以“文化侵略”。然而，李氏在晋办理教案、引进西学、赈灾救荒的积极作用不宜全盘否定。时至今日，人们并没有忘记他点燃烛光照亮山西近代教育之路的气魄和毅力。

如今的山西大学堂

三、东西两重天

山西大学堂创办伊始，由于“晋地偏僻、士习拘囿”，青年学子志在“科甲”或“从商”，对洋学堂多持观望态度。西学专斋首届招生时虽每月为成绩优秀者供给 8 元膏火之资，但仍是门庭冷落，少有人问津。无奈，只得由各县调取并通过私人函说征募了 80 人。社会中人也羞于和这些“洋举人”为伍，常常以“数典忘祖”、“舍己之田而耘人之田”

之语对其在言语中加以鄙薄。然而，与此相对的中斋学子则被世人尊为“先生”、“老爷”，即使是县衙的父母官也待之为上宾。

四、西学地位的上升

仿佛是天平的两个极端，彼此平衡却互不干涉一样。中西两斋亦是如此，两斋寓于同一学堂，办学方向却截然不同。中斋注重经史考据，所聘教习均系“硕学人望”之士。上课时先生们都是顶戴花翎，各有一名执掌烟袋的差

延伸阅读

现今位于山西省省会太原的山西大学创办于1902年，最初称山西大学堂，设中学专斋和西学专斋。校址在太原市侯家巷（现太原师范专科学校）。民国初改名为山西大学校。

役立于屏门之后静候服侍。学生一个个顶帽袍褂穿戴整齐、循规蹈矩不苟言笑，由书办（书记）唱名鱼贯入座，俨如审案。与之相反，西学专斋则师生无别、语言无忌、衣冠不苟，所学内容均为学生见所未见，闻所未闻。特别是无机化学、化分化合之实验立刻兑现，物理、算学之种种公式对证有据，遂使学生兴趣陡增，学而不厌。西学在晋以此渐有一席之地。

太原五一广场东侧侯家巷中，那些陈旧、过时的英式建筑与周围高耸入云、鳞次栉比的现代化大楼为伴显得极不协调。然而，这些“古董”在一百多年前却是太原城“鹤立鸡群”的一大景观——最大的礼堂。它目睹了东西方两种教育制度、两种文化的较量，是西学立足于山西的象征。1903 年，山西学台刘嘉深任满调京，新任学台宝熙怀抱励精图治之志赴晋上任，停科考、兴学堂，先整顿中学专斋。宝熙仿照西斋之制，广聘经世致用之才，陆续加设英、日、俄、法文和数、理、化、史、地、博物、绘画、体操等课，并发给学生操衣、布靴、头巾，一改其旧日“斯文学究”之态。中斋的落后与西斋的进步由矛盾而统一，西学在晋从此根基始固。

洋学堂的出现是对沿承了千百年的科举制度的巨大挑战，它使西学得以合法入晋。然而，任何新生事物在其萌芽之时都势必遭到因循守旧者的咒骂和压制。菲薄之声既来自墨守成规的道学先生，也出自不谙世事的黎民百姓，山西大学堂正是在这新旧势力的角逐中产生的。在岁月的流淌中，它将以时间来证明一切。

第二章

蹒跚起舞

“汇通天下”的山西商人驰骋于明清商界五个多世纪，清朝时更是位居十大商帮之首，率先享有“天下第一商”的殊荣，拥有着雄厚的经济实力。19 世纪 60 年代开始的洋务运动，拉开了中国近代工业化的序幕。令人不解的是，对于这场规模空前的洋务之风，山西商人的反应始终比较冷静。直到 1884 年，时任山西巡抚的张之洞在山西创办新药局，才成为山西近代工业的开始。

第一节　千呼万唤方始出——姗姗来迟的山西近代工业

在错综复杂的情况之下，山西的近代工业终于呱呱坠地、诞生于世。内外忧患的社会大背景决定了山西近代工业的“先天不足”，他无法像正常的资本主义发展模式那样经历资本原始积累、资本上升以至资本垄断。因为，山西近代工业是西方列强侵略山西的产物之一，他们不会也不愿意看到山西近代工业“茁壮成长”。然而，山西近代工业终于还是脱离了襁褓，慢慢地、一步一步地向前行走……

关键词：山西近代工业　兴起　坎坷之路　张之洞　胡聘之

作为典型的内陆省份，山西在鸦片战争后的一个短时期内，仍旧延续着数千年自给自足的自然经济，明清出现的资本主义萌芽还在这片土地上缓慢生长着。甲午战争前后，近代文明之风徐徐吹进相对闭塞的三晋大地。一些有权势的地方官员和领风气之先的实力派工商业者，开始投资设厂，把注意力转向机器工业。一座座近代化企业拔地而起，以全新的姿态向世人宣告：山西的近代工业由此发轫。

中国的近代工业产生于 1840 年以后，比先进的西方国家整整晚了 200 年。而山西近代工业的产生与初步发展时期，是指从 1884 年张之洞在山西创办新药局到 1932 年以阎锡山为首的官僚资本开始统治山西经济的这一段时期。这期间，山西近代工业从无到有，从小到大，逐步发展起来，为山西近代工业的繁荣奠定了一定的基础。

《晋商渠本翘与山西保晋矿务公司》中讲到，1884 年，洋务运动后期的主要代表人物张之洞出任山西巡抚。为了适应训练地方武装——“练军”的需要，张之洞向清政府奏准，在太原设立“新药局”，引进了先进的生产机器，同时实施“招募工匠”、“派员统理”的经营方式，具备了资本主义近代工业的性质。以“新药局”的设立为标志，山西近代工业蹒跚起步。

一、慧眼识珠的张之洞

早先，李提摩太曾在天津《时报》著文评论道："山西土地肥沃，矿产棋布星罗……且矿苗平衍，不必沟深索隐……倘开铁路火车以转运，更无层递之虞。铁路得煤锻炼，煤复得铁成材，而中国工价又廉，将来设厂制造，除产钢铁以供铁路之需外，并创织布等局，当今十八省用之不穷；所有布匹不必购自外洋，而蒸蒸日上，山西将成为小英吉利矣，所惜者弃而不采耳。"

在民风未开之时，李提摩太"以工代赈，筑路开矿，兴办实业"的建议备受冷落，并未得到人们的普遍认可。这与山西绅民的盲目排外不无关系。

然而，踌躇满志的继任晋抚张之洞慧眼识珠，在这大好前途的诱惑下，迈出了自己扶摇直上成为后期洋务运动领航人、登上清廷军机大臣宝座的第一步。

由清议京官一跃变为一方要员的张之洞，十分羡慕雄踞东南、凭借举办洋务而成为朝廷重臣的李鸿章、曾国藩等人，在三晋这片土地上，他决心一展宏图。

1882 年 1 月，新任山西巡抚张之洞刚走马上任就展开政治、经济、军事、文教等方面的整顿和革新，为期 2 年 4 个月。当他在晋抚衙门档案中发现李提摩太当年写给曾国荃的建议后，拍案叫绝，顿生"英雄惜英雄"之感。当即选派三名候补道登门访求晋省举办洋务之方略，决

张之洞

延伸阅读

张之洞（1837—1909），字孝达，号香涛，直隶南皮（今河北南皮）人。1863 年举进士，先后任湖北学政、四川学政、翰林院侍讲学士等职，1882 年任山西巡抚。中法战争爆发，张之洞力主与法决战，清廷授以两广总督之职，张捐银三千两奖给抗法将领刘永福，并奏请起用前广西提督冯子材督师。冯子材在镇南关、谅山大败法军，张之洞名声大增。他于 1889 年任湖广总督，在湖北建成湖北织布局、汉阳炼铁厂、汉阳兵工厂等，成为与李鸿章齐名的洋务要人。

定借重李氏指点迷津，发展晋省实业。为了洋务大政的实施，扩大自己政治权势的资本，张之洞针对山西腐败的政局，大刀阔斧劾罢害民失职的文武官员 40 余人，上奏朝廷“不分满汉，量才授缺”，并向全国发出《延访洋务人才启》，四处网罗济世之才。

求贤若渴的张之洞，恳请各地洋务人才赴晋共谋大业。不管是精通天文、算术、历法、地理，还是开矿、筑路、修枪、造炮，或是通晓国际公法、新旧条约变迁、外国语言翻译者，他都以重金聘请，委以重任。

为了帮助“晋民开生财之源”，张之洞在太原筹办桑棉局，请江苏巡抚代募技术熟练机匠一二十名，携带纺织生、熟、花、素等布匹的工具在桑棉局传授技术。

张之洞认为清军对外御侮屡战屡败不堪一击，实因八旗兵丁军律荡驰，因此必须整饬军纪，兴办近代军工以自强。于是，他在山西裁改兵制，依照湘、淮军制，购买洋枪洋炮武装晋军，要求做到“不用一无能之将，不养一糜饷之兵”。此外，张之洞自制军火，派干练之员赴沪与外商洽谈购买制造军火的新式机器；任命提调、正佐、委员等官，订立章程，在太原城东北隅宽僻地方设立洋药局，专门制造各种新式武器弹药。洋药局所需经费在河道库提存，支出多少毫不吝惜，所产成品直接调拨所属各部，他人不得染指。

素以冶铁之乡著称的晋城铁货由于洋铁倾轧、销路不畅，从事贩运者日益稀少，铁工匠户为之坐困。张之洞认为购买洋铁弱国病民，对开发晋省煤铁资源有害无利，而且农、工、商互为表里，彼此钩贯。因此，他采用西法开矿炼铁、降低损耗，与洋商争利。为了通畅晋铁外运的梗阻，1884 年 1 月，他与北洋大臣李鸿章会奏清廷：晋铁运销奉天、上海等地时，请变通成例，改由天津出海，仍在产铁地方熔铁，招商运销或供天津局厂使用。张之洞责令晋城官员发放无息贷款，扶持民族手工业。劝令铁工恢复旧业、添设炉座、开辟财源。针对潞盐运销陕西重叠纳厘之弊，他奏请潞盐起运预交陕厘之法。规定所交税额在晋一次完成，沿途不再抽厘，从而杜绝各地关卡苛吏巧立名目借以渔利之弊。

此外，热衷兴办洋务的张之洞在晋抚任所还因修路、禁烟、设义仓、办

两湖书院旧址

赈灾、清库款、免差徭等革弊兴利、休养生息的政策为世人称道。

“中学为体，西学为用。”作为历任晋抚中第一个推崇西学的“香客”，尽管张之洞尚未取来全部真经，也未使三晋官民将传统价值观念完全抛弃，但他网罗天下洋务之士并付诸试办之举催生了呼之欲出的山西近代化机器工业。人们从中已隐约“感应”到资本主义生产关系开始叩关入晋的“异动”。张之洞在为山西近代化工业张目的同时，他的官宦生涯亦由此步入飞黄腾达的黄金时期。

1908 年，张之洞受命督办粤汉铁路和湖北境内的川汉铁路，次年 10 月病死。谥号“文襄”，其文稿辑为《张文襄公全集》。

二、匆匆“点火”的胡聘之

张之洞因办洋务功成名就、权倾朝野，影响了一大批醉心洋务的官员。

他们为了加官晋爵，纷纷跃跃欲试，兴办洋务。这其中，湖北天门人胡聘之显得格外热衷。

光绪初年山西大灾期间，胡聘之正在清廷担任御史，曾对山西赈灾中的贪渎行为进行过尖锐的批评，开始与山西历史有了联系。早年，胡聘之曾周游各地参观洋务派举办的近代企业，深感办洋务既赶时髦又可名利双收，特别是对张之洞以办洋务起家、权倾朝野艳羡不已。光绪十八年（1892），当清廷委以胡聘之山西布政使之职时，他便慨然兴办洋务，期望一举成名、扶摇直上。

胡聘之刚一走马上任便急不可待，匆匆“点洋火”。他拨银两万元，派一名候补道为总办，在省城三桥街开办太原火柴局，并亲笔手书“燧皇遗规”牌匾悬挂于该局正厅。火柴局每日生产“双羊牌”黄磷五色圆筒火柴五百筒，每筒各装百余根。尽管“双羊”外形美观、易燃便民、产量无多，但初战受挫，销路不畅，盈利无望，三晋百姓世世代代只知道火石、火镰，还不曾有过享用“洋火”的福分。无奈，他只得借助官府的“虎威”鼎力扶持，向各地知县分摊派销，强令购买。

星星之火难以燎原。虽然胡聘之首创三晋第一家近代机器工业——太原火柴局，点燃了山西资本主义工业生产的星星之火，但却无摆脱困境、扩大生产、开拓局面的方略。胡聘之后因山西矿案去职，火柴局更名“晋升火柴公司”，由山西商务局接管，但依然如旧，累赔不堪。

延伸阅读

胡聘之（1840—1912），字蕲生、萃臣，号景伊，湖北天门人。清同治三年（1864）中举，次年举进士，三年后授翰林院编修，历任会试同考官、四川乡试大主考官、内阁侍读学士、太仆寺少卿、顺天府知府。

《山西通志・人物志》上记载，光绪十八年（1892），胡聘之任山西布政使，大力宣扬洋务自强，疏请“开发山西石炭和铁矿资源以兴工业”。同年，主持建成山西第一家近代工厂——太原火柴局。光绪二十年（1894），胡聘之开始筹建山西招商局，恰逢甲午战败，割地赔款，经费无着，胡聘之用整顿归化税长收盈余银5万两，作开办费用。光绪二十一年（1895）三月胡聘之任浙江布政使，寻升陕西巡抚。八月任山西巡抚。胡聘之历经四年筹备太原机器局，于光绪二十四年（1898）开工生产，是为山西近代机械工业的开端。任职山西期间，他大力扩充商务，创办工厂。同年三月，胡聘之派遣山西商务局曹中裕赴京，与华俄道胜银行签订《柳太铁路合同》16条，借款2 500万法郎，修筑从直隶正定柳林堡到山西太原的铁路（即正太铁路）。五月，他又与英商福公司签订《山西开矿制铁及转运各地矿产章程》20条，借银1 000万两，开发盂县、平定州、潞安、泽州与平阳府的煤、铁、石油各矿。因与英商福公司签订的协议在一定程度上损害了民族利益，且山西商务局经办人又借机贪污中饱，使胡聘之遭弹劾。于光绪二十五年（1899）十月十六日罢官返家。

光绪二十二年（1896），胡聘之和山西学政钱骏祥，最早上奏了在中国近代教育史上产生积极影响的《请变通书院章程折》，指出:“查近日书院之弊，或空谈讲学，或溺志辞章，皆无裨实用，其下者摹贴括，注意膏奖，志趣卑陋，安望有所成就？”因而要求“更定章程，增加新的授课内容，凡算学、天文、舆地、农务、兵事，与夫一切有用文学”，“分门探讨，务臻其奥”，以培养有用之人才。这个奏折经光绪帝批准后各省先后均参照执行。当年九月五日，胡聘之改令德堂书院为山西省省会学堂，设学堂总教习代替书院山长，并聘两名西学副教习开设西学课程，讲格致、天文和算学等。将省内州县书院改为高等小学堂，乡村私塾改为初等小学堂，还在省城开设了新式的山西武备学堂和储材馆，使山西的新式教育走在全国的前列。此外，胡聘之还修纂《山右石刻丛编》10卷，该书录存北魏至元代山西境内720通石刻的原文，并进行精心考证，是珍贵的历史文献。晚年的胡聘之造府于天门孝子里，闭门谢客，以诗词书画自娱，民国元年（1912）在上海病逝。

三、山西近代工业全景图

山西近代工业的发轫，首推1884年成立的“新药局”，以后相继开办了太原火柴公司、通省工艺局、机器局、壬申化学厂、壬申制造厂、育才机器厂、育才炼钢厂、大同华北第一毛织公司、太原华丽绒厂等一批近代工业企业。《山西工业发展概述》中对此情况进行了具体的说明，厂名详见下表：

厂　名	厂　名	厂　名
山西陆军修械所	壬申化学厂	晋丰面粉公司
山西军人工艺实习厂	壬申制造厂	晋生染织工厂
机械工务处	山西工业试验所	晋恒制纸厂
山西火药厂	太原电灯公司	大同华北第一毛织公司
太原兵工厂	育才机器厂	太原华丽绒厂
太原修械所	育才炼钢厂	临汾晋兴机器工厂
平遥晋生面粉公司	榆次魏榆电气公司	西北发电厂
榆次魏榆面粉公司	临汾发电厂	双福火柴公司
临汾晋益面粉公司	太原实是铁工厂	太谷同记电灯公司
汾阳昆仑火柴厂	太原协同机器铁工厂	平遥聚兴机器工厂
新绛永裕纺织厂	太原万成铁工厂	
新绛大益成纺织厂	太原义聚铁工厂	
祁县益华染织厂	太原聚丰五金机器厂	

在上表所列的近代工业企业中，育才机器厂、育才炼钢厂、太原兵工厂、壬申化学厂、壬申制造厂、西北发电厂、晋丰面粉公司等企业属于初步发展时期产生的，在此仅列举初创时期几个较有代表性的企业：

（一）新药局

1884年，张之洞出任山西巡抚，因在训练地方武装——“练军”时，需洋枪洋炮装备，而洋枪洋炮所需的三洋火药在当时颇难购买，于是他便上奏朝廷，并于获准后的1884年5月在太原设立了新药局，从而揭开了山西近代工业的序幕。新药局下设几个专门从事枪械修理的小队，“由津分别调雇谙悉洋式军火武器工匠，置带应用什物，先后来晋，以资教结而备修整”。（《洋务运动》，第4卷，第4193页）新药局规模十分狭小，每周仅可生产火药500

余公斤。但由于它引进了一些外国机器进行生产，并实行了“招募工匠”、“派员统理”的经营方式，因此已具备了资本主义近代工业的性质，标志着山西近代工业的诞生。

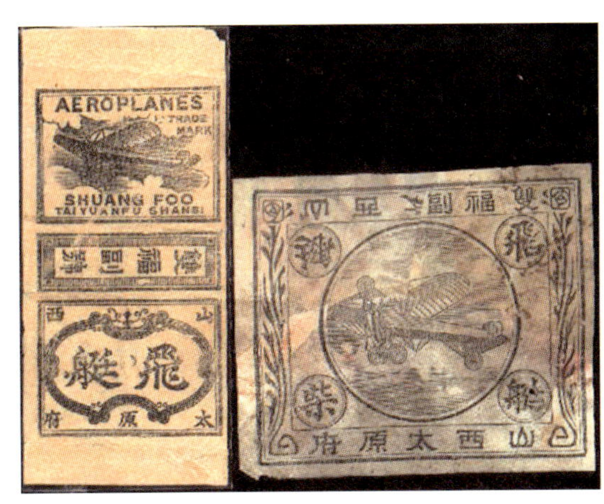

双福火柴

双福火柴作为山西第一家火柴厂，也是山西最早的民族资本企业，凝聚了山西早期资本家以实业救国救民的一片心血。

（二）太原火柴局和双福火柴公司

1892 年，时任山西布政使的胡聘之派一名候补道为总办，拨发 2 万银元，在太原城内三桥街办起了太原火柴局。开始时，火柴局每天只能生产黄磷五色火柴 500 小筒，每筒百余根，定名“双羊牌”。1895 年火柴局易名为“晋升火柴公司”，改由商务局管辖。“晋升火柴公司”尽管在技术上作了一些改进，但产品仍不为人们所接受，商务局不得不于 1903 年将“晋升火柴公司”以银币 5 000 元卖给了山西商人渠本翘。渠本翘购买火柴公司之后，特邀太原“天合元”钱庄的财东乔雨亭主持，合资伙办，并改名为“双福火柴公司”。双福火柴公司成立后，乔雨亭从太原“天合元”钱庄拨出资金 5 000 元，连同渠本翘的出资共 18 000 元，用于生产经营。起初，双福火柴公司的生产既无机械能力，也没有排杆机，全厂 100 余名职工仍依赖人力排杆，日产火柴 4 ～ 5 小箱。为提高生产效率，改进生产技术，1909 年，乔雨亭从日本聘请工程师，购回先进机器，同时采取措施降低成本，使双福火柴公司的生产效益增长 9.4 倍，日产火柴 100 ～ 120 箱。第一次世界大战期间，由于外国火柴的进口锐减，国内火柴市场出现短缺，“双福火柴公司”的产品供不应求，从而进入经营史上的兴盛期。其产品除畅销省内各县外，还远销陕西等省。“双福火柴公司”的资产也猛增到 20 万元，为当初投资的 11 倍，获利 40 万元。受“双福火柴公司”兴盛的影响，一些对投资火柴业有兴趣者纷至沓来。1915 年，闻喜金店商人、新绛县官僚张贵立集股 10 万元，创办了“荣昌火柴公司”。该公司生产设备和赤磷由日本进口，有工人 300 多名，日产“卧牛牌”、“火炎牌”火柴 100 多箱。产品主销晋东南及陕西、河南两省。1916 年，平遥绅士赵鸿漠出资 3 万元，票号商王恒昌、安保善、张光裕也集股 6 万元，在平遥创办“金井火柴公司”。该公司创办之初，招工人 260 多名，日产“金井牌”火柴 70 多箱。

（三）绛州纺织厂

山西近代纺织工业的萌芽始于绛州（新绛）纺织厂。绛州地处山西主要产棉地晋南棉区的中心，曾经是秦、晋水路（黄河、汾河）和陆路交通要道。光绪二十二年（1896），山西巡抚胡聘之认为山西“省南蒲（州）、解（州）一带，素产棉花，可收纺织之利”，（汪敬虞《中国近代工业史料》，第 2 辑，第 607 页）遂积极主持筹划。建厂资金为山西商务局股本，共集股本 60 万两。在筹建过程中用本银 22 万两从国外购入全套机器设备，但机器运到天津时，因锅炉笨重，无法运输，只得遗弃，其他设备也被抛弃在河南汲县、新乡一带，致使工厂无法开工。为搪塞清廷，胡聘之派人到天津买了两包洋纱，经装潢点缀后，送京城向清廷禀报，说是厂成出纱。其实，绛州纺织厂未成即落。据《新绛纺织厂厂史》记载，宣统二年（1910），稷山绅士宁崇金集股 3 000 两白银，重新在新绛建厂，并定名为“裕民纱厂”，设有制造科、织布科，全厂工人 90 余名。第一次世界大战期间，“裕民纱厂”曾一度兴盛。但大战结束后，中国民族

织袜机

资本主义再度受到外国资本主义经济势力的压制，“裕民纱厂”陷入困境。该厂只能高价从天津买回 42 支合股线，织成粗哔叽，产品获利甚微，加之销路不好难以为继，最后只好停工闭厂。以后，新绛程关庄商业资本家李通、李玉山父子于 1927 年又在“裕民纱厂”厂址上建成只有 6 048 枚纱锭的“大益成纺织厂”。（《山西工业经济调查》，第 1 辑，第 360 页）新绛纺织厂的三起三落，反映了山西近代民族工业发展的艰难曲折。

（四）山西通省工艺局和工业实验所

光绪二十四年（1898），太原西羊市街出现了一个新的企业——山西通省工艺局。它是由山西地方政府创办的综合性近代工业机构。局内设有织布、织带、木工三部。到辛亥革命（1911）时已初具规模。辛亥年政局更替，局务一度停顿。1916 年，又增加了玻璃、制胰两部，但因经营亏损，1917 年即告关闭。山西通省工艺局虽在当时没有获得较大发展，但并不能因此而忽略它在山西近代官办民用工业发展史上的影响。后来在山西较有影响的工业实验所就是在山西通省工艺局的基础上建立起来的。这个创建于 1917 年的山西近代第一所应用科学技术研究机关，下设有窑业部、化学工艺部、分析部、机械修缮部。窑业部侧重研究的是瓷器和玻璃，曾试制成功玻璃瓶和乳白玻璃，山西官办玻璃工业由此发端。化学工艺部则侧重于日用化妆品、制碱和造纸技术的研究试制。山西工业试验所的科学试验工作，对山西近代的应用科技起了指导和积极的促进作用。1930 年，试验所停办，其厂址和设备归山西工业专门学校，变成了学生的实习工厂。

（五）山西机器局

1894 年，时任山西布政使的胡聘之曾上奏清廷，请求设立山西机器局。当时正值甲午战争爆发，清廷无力解决经费，未能获准。1896 年，已升任山西巡抚的胡聘之再次上疏，提出用整顿归化关税的办法筹集 5 万两白银作为开办经费。据《山西省军事工业史稿》记载，清廷于光绪二十四年（1898）正月初下诏：“据荣禄奏各省煤铁矿产以山西、河南、四川、湖南为最，请饬款设立制造局渐次扩充，从速开办，以重军需。着就各地方情形认真筹办，以期有备无患，足以仓猝应变……”是年三月，胡聘之即着手筹办，并任命

二人抬火枪

后补道徐桂芬为山西机器局总办，负责筹建工作。胡聘之先拨出库银480两，在太原城北门外柏树园普济观内购地38亩，修成厂房12间。接着又拨上年山西整顿归化（今呼和浩特市）关税长收之余银5万两作为机器局的开办经费。委派候补知县王曾奇从英国公司天津洋行购进35马力蒸汽机1台，切削车床9部（其中车床6部、刨床1部，大小钻床各1部），并设立了机器（工长任大曾）、翻砂（工长刘玉珍）、熟铁（工长王恒录）、木样（工长陶庆春）、铜帽（工长陆成）以及锅炉等工房。尽管这些机器设备是已被淘汰的陈旧英货，但是用水蒸气作动力驱动天轴，用皮带传动车床进行生产，这在山西尚属首次，被国人看做是先进的生产方式。山西机器局大门门楣正中竖悬着木质巨匾，镌刻着总办徐桂芬亲书的“机器局”三个大字；办公大厅正门两侧悬挂着木质篆刻的一副楹联，上联为“秉均秉衡妙旋转于掌上”，下联是“为炉为炭参造化于胸中”。机器局初创时期只有职工100余人，其中有用高薪（月薪）30两银子招聘的技工30余人，形成了一定的生产能力。

机器局开创之初主要是为清军修理枪械。光绪二十六年（1900），八国联军侵入北京，西太后挟光绪帝逃往西安经由山西时，在太原停留22天。山西机器局曾奉旨为护驾卫队马玉昆部修理枪械，把损坏的枪支修理一新。西太后为此亲临机器局，奖监工陶庆春“团龙马褂”，把总办徐桂芬升职调迁，其余官员，亦获升赏。山西机器局也因“圣驾光临”而扬名全国。

此后，山西机器局逐渐由修理枪械发展到制造武器。最早制造“二人抬”火枪，接着用英国福公司提供的部件组装成 18 毫米步枪，并打上“晋局 ×× 年造”的标号，尽管只能装一粒子弹，仍被清廷视为新式武器，因而受到赞赏。山西机器局是山西近代机械工业的先驱，它以近代机器为生产手段，促进了社会生产力的发展。同时，由于它诞生在山西这块古老的土地上，而且是典型的军事工业，所以难免夹带有浓厚的封建性与官僚性特征。

山西机器局是在洋务运动的影响下创办的，它生产的产品不是作为商品用来买卖，而是服务于军事需要，未能进入流通领域。首先，山西机器局带有浓厚的封建性特征，这具体表现在：它的创办者和所有者不是私人资本家而是清政府及其官僚军阀；创办经费也不是私人积累的资本，而是地方政府自行筹集的财政资金；山西机器局生产的产品不是用来交换，而是直接应用于军事装备；经营目的不是追求利润，因此也不可能有资本积累来扩大再生产；在经营管理上没有资本主义的“民主”管理制度和严格的经济核算，实行的仍然是封建把头制。在局里，工长（即把头）以上是统治阶层。他们可以任意打骂、欺负直至开除工人。工人则必须受到厂卫的监视、把头的奴役及总办提调的剥削，因而具有浓厚的封建性。

其次，机器局具有浓厚的官僚性特征。由于机器局是一个官办性质的企业，其经营管理权掌握在封建官僚手中，总办徐桂芬是候补道，继任者是候补道刘敬修。总办独揽经营大权，而代总办主持实际工作的是提调。这些封建官吏官僚习气甚重，局内人浮于事，机构臃肿的弊端难以克服，而且又多贪污舞弊之辈，在开办后不久的几年中，即将 5 万两白银蚀空一半，约有半数中饱了胡聘之、徐桂芬之流的私囊。

山西机器局在其后虽有几次扩充方案，但因清廷外战失利，赔款甚巨，国库空虚，所以从成立到 1911 年，虽然经过了十余年，但基本上还是开办时的状况，除了人事上的变动外，其他一切照旧，生产水平未能有较大提高。

第二节　历史的疑惑——山西近代工业的坎坷之路

山西地处中国内陆，联结东西，在历史上与政治中心相邻，可谓是地理位置优越。加之山西煤炭资源储量丰富，地方特产众多，商业才俊辈出，按一般产业发展规律，其应该对近代工业具有天然的适应性。然而，山西近代工业的发展之路是坎坷曲折的，个中原因，以下细细品评。

关键词：近代工业起步缓慢的原因　兴起的原因

一、山西近代工业为何起步缓慢

山西地处内陆，贯通南北，横跨东西，犹如一个十字交叉口，自古以来就是全国交通的要道，在地理上拥有十分重要的位置。它东邻全国政治中心北京和商业重镇天津，西与巨商大贾聚集地陕西接壤，北部有万里长城，经过长城内侧的通衢大道可与塞外商品进行交换，南部可经河南与南方诸繁华城市相联系，在中原素有“天府”之称。据徐继畬的《松龛全集·尧都辨》记载：“其陆路则方轨并通，南下风陆，渡河即中州之陕洛、关中之三辅。四通八达，无往不易。”至今平阳城鼓楼仍书有“南通秦蜀，北达幽并”的匾额。太原也是“正当孔道四交之冲”。

山西不仅地理位置适中而且各种资源十分丰富，有利于商品流通。据《肇域志》记载：“绫：太原、平阳、潞安三府及汾泽三州俱出。绸：潞安府、泽州皆有之。铁：各处都有，冶惟阳城俱出尤广。黄铁：交城静乐县有冶。铜：代州风游谷，及垣曲县北山俱出……”

在商业贸易上，顾炎武曾在《肇域志·山西》中对山西在明代的商贸情况进行如此的描述：“平阳泽潞豪商大贾甲天下，非数十万不称富。”沈思孝在《晋录》中说，清代的山西商人更是名噪一时，富甲一方。其资本之雄厚不仅基本垄断了中国北方的贸易和资金调度，而且插足整个亚洲地区，南到

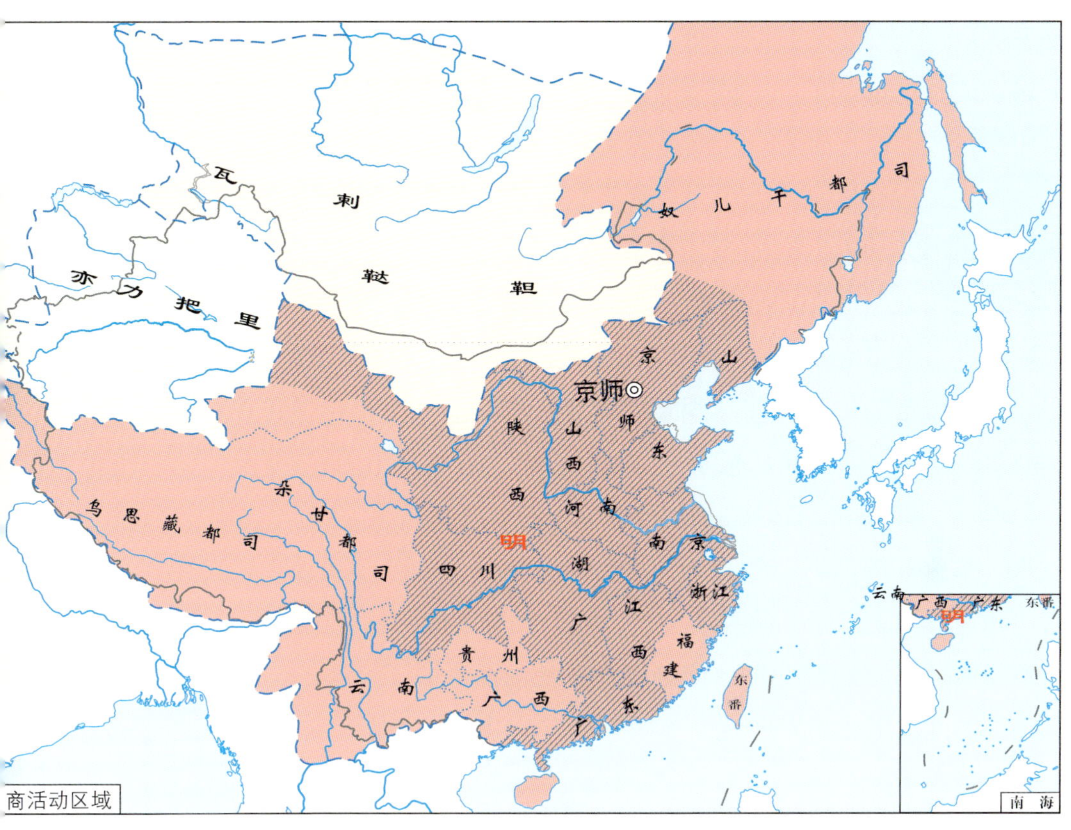

明代晋商活动区域图

香港、加尔各答；北到伊尔库茨克、西伯利亚；东到大阪、神户；西达伊犁、喀什噶尔甚至将触角伸向欧洲市场，所到之处都留下了山西商人的足迹。

有如此好的条件和基础，山西近代工业为何却起步缓慢，比东南沿海地区的工业晚了将近半个世纪呢？

首先，山西远离矛盾斗争的中心。鸦片战争以后，民族矛盾与阶级矛盾的重心在中国东南沿海一带。沿海和长江中下游一带重要港口的开放，并没有满足帝国主义列强的欲望，它们继续以坚船利炮向清政府施加压力。而席卷南部中国的太平天国运动和江淮地区的捻军起义，又强烈震撼着清政府的统治。面对内忧外患，清政府不得不将洋务运动的重心放在这些多事地带。

这些地区因“门户开放”，得西洋风气之先，民族工业在原有基础上有了较快的发展。许多地方的私营工场、作坊相继采用了现代化机器进行生产，为洋务运动的开展创造了一定的物质基础。而山西地处我国腹地，既无对外交流的口岸，又不曾开放为对外贸易的商埠，因此直到 19 世纪中叶还看不到明显的资本主义生产信息，无论是发展近代工业所需的资本，还是进行资本主义生产所需的劳动力、商品市场等条件都不具备，所以资本主义风气未开，以致近代工业生产方式姗姗来迟。

其次，资本无法积累。鸦片战争以后，由于晋商的封建性质和外国资本主义经济侵略的加深，使其积累的商业资本大部分没有转移到资本主义近代工业生产上来，并由此从根本上导致其没落，最终退出历史舞台。

最后，旧有物资运输路线的变革。随着外国商品的输入，海上运输的发展，铁路和内河航运的开通，沙俄对华贸易由陆路改从天津、大连、海参崴一线进行海上运输，改变了中国旧有的物资运输路线。山西作为中国对蒙、俄贸易的陆路交通要冲地位逐渐丧失，使山西失去了发展的契机。所有这些都使山西近代工业的发展大大落后于南方及沿海诸省。

二、山西近代工业兴起的原因

只要掌握了她的“脾性”，历史应当是十分生动有趣的。遵循这种“脾性”能让我们在最短的时间内从浩瀚的书海中穿云拨月，抓住历史的真相。而历史的这种“脾性”，即我们常说的政治、经济、军事、思想文化，对山西近代工业的研究也应当是如此。

19 世纪末 20 世纪初，山西近代工业如星星之火在三晋大地上发展起来，成为中国近代工业史上的一朵奇葩。追溯原因，山西近代工业的兴起主要有以下几个方面：

（一）商品市场的扩大

鸦片战争以后，由于外国资本的入侵，自然经济结构在山西以至全国范围的瓦解，是山西原有商品市场迅速扩大的关键。自然经济在洋货倾销及原料掠夺下解体，使原本不需依赖市场的小农转为必须依靠市场交换农产品的小商品生产者。这一变化，突破了以前那种狭小的地方市场，迅速扩大了国内商品市场。

中国近代市场是在外国资本主义势力控制下扩大起来的，因此首先并主要占领国内市场的是外国商品。洋货在华除交纳5%的进口税和2.5%的子口税外，便可通行无阻。而中国民族商品则未摆脱封建束缚，一直受“五里一卡，十里一局”的厘金捐税限制。在这种情况下，本国资本主义工业品在国内市场无法与洋货竞争，只能在外国商品控制网中残剩的角落获得生存和发展，即在外国资本主义势力尚未完全占领的某些部门和角落去寻找出路。因此，本国资本主义取得的市场，并不是一个独立、完整的市场，而是一个从属性市场。它对中国资本主义的发展来说，既不广阔，又不稳定，随时有被外国资本主义夺走的危险。虽然如此，但这种从属性的不稳定市场对于山西民族工业来说，仍具有很大的刺激和推动作用。因为市场毕竟业已存在，并处于扩大状态中。市场需求的日益增大，使民族资本家感到在洋货占领大份额的市场中，仍有推销其生产的数量不大的棉纱、棉布、火柴等商品的可能。在这种市场空隙中求生存的民族资本主义工业是很难扩大和发展的，它限制和决定了山西工业发展的方向与特点。

（二）劳动力市场的扩大

众所周知，自然经济的解体是形成大量劳动力市场的前提条件。山西在封建社会末期虽然已经有了雇佣劳动的萌芽，但直到鸦片战争前，小生产者破产转化为近代雇佣劳动的过程还是很复杂、曲折、迟缓的。外国资本主义的侵入，加速了这一过程。资本主义工业所必需的，具有普遍意义的雇佣劳动力市场，同样也是在外国资本主义入侵后，才正式形成。

外国侵略者向中国勒索赔款，进行鸦片贸易，倾销商品，以及中国封建统治者转嫁危机，增加捐税，增租夺佃等掠夺，造成了生产破坏，人民迅速赤贫化。千百万农民相继变为丧失生产资料与生活资料的无产者，加入“流民”大军,其中一部分流入城市变为雇佣劳动者。那些仍留在农村的破产农民，则成为潜在失业者和产业工人的后备军。

由暴力掠夺而形成不断扩大的劳动力市场，为山西资本主义工业的产生提供了有利条件。但是，小生产者在洋货倾销下破产后，大量货币财富落入外国资产阶级手中，因而一方面造成大量破产失业者，另一方面则没有相应的生产资料和劳动力的购买者，即造成了山西资本主义工业发展与自然经济结构解体间发展不平衡的问题。也就是说，山西农民与手工业者破产的速度与幅度超过了资本主义工业发展速度。因此，大量失业者无以就业，出现“过剩”，只得当劳力或流浪街头成为乞丐和“流民”。所以，山西资本主义产生时不像西欧那样劳动力不足，而是劳动力过剩。这正是半殖民地的经济现象

清政府被迫开放通商口岸的情况：自鸦片战争以来，陆续开放广州、厦门、福州、宁波、上海、牛庄（后改营口）、烟台、台湾（台南）、淡水、汕头、琼州、汉口、九江、南京、镇江、沙市、重庆、苏州、杭州共计19个通商口岸。

虎门销烟

之一。这种状况，决定了破产农民和手工业者的处境极为痛苦，劳动力价格特别低下，它在一定程度上影响了山西资本主义生产对机器和先进技术的使用。

（三）货币财富的积累

马克思在《资本论》中说："货币和商品要转化为资本，只有在一定条件下才能发生。"

这种条件归结起来就是："一方面是货币、生产资料和生产资料所有者，他们要购买别人劳动力来增殖自己所占有的价值总额；另一方面是自由劳动者……商品市场的这种两极分化，造成了资本主义生产的基本条件。"鸦片战争后，外国资本主义侵略者在华攫取了大量的货币财富。与此同时，随着商品经济发展，商品市场扩大和劳动力市场的形成，少数大官僚、大地主、大富商的货币财富也随着对广大人民剥削的加重而激增。这些人在外国在华企业以及

法国殖民者修建正太铁路时的合影。

东南沿海洋务企业高额利润刺激下，开始将其财富向城市集中，其中一部分投资于近代资本主义工业而转化为产业资本。正是这种原因促使渠本翘、刘笃敬等一批富商巨贾开始把他们积累的财富投资工业，并带动山西商业资本、高利贷资本以及部分地租向工业资本转化，从而形成了山西近代工业的产生和有所发展的客观局面。尽管如此，但也应该看到中国封建土地所有制下土地可以自由买卖，封建地租率很高，又吸引大量货币回流到购买土地上来，所以原始积累的资本向产业资本转化受到极大障碍，造成工业资本原始积累的严重不足。这种与劳动力市场迅速扩大的不平衡导致了工人工资水平极端低下，企业设备甚为简陋。大批劳动者既不能像过去自由耕田、自食其力，又不能转化为资本主义雇佣工人；既苦于资本主义的发展，又苦于资本主义发展不足，只得受雇于地主，替人佃耕，长期陷于饥寒交迫的境地。这种一方面是庞大的劳动力出卖者，一方面是由于原始积累不足而造成没有相应劳动力购买者的奇特现象，在很大程度上决定了山西资本主义的发展方向、速度和特点。

（四）洋务运动的影响

由于山西地处内陆，信息闭塞，民情喜旧，所以尽管张之洞抚晋时大力倡导洋务，并有所尝试，但直到19世纪末洋务运动在东南沿海已偃旗息鼓时，山西才得洋务之风气，开始大规模兴办实业。此时，适逢清政府也大力提倡“实业救国”，先后颁布了“振兴工艺给奖章程”、“矿务章程”等一系列规章和奖励制度，激发了人们创办工业的热情。许多有识之士逐渐认识到：中国之所以深受外国列强任意蹂躏与宰割，政治上的腐败固然是一个因素，而工业经济不发达亦是一个重要原因。因此，越来越多的人希望中国能够发展工业，呼吁“工业救国”，大力提倡兴办现代工业。这在客观上为近代工业的发展奠定了思想基础。在倡导发展山西实业方面特别值得一提的是张之洞与胡聘之二人。

张之洞是晚清清流派的健将，洋务运动后期的积极倡导者。

清朝洋务运动代表人物之一——张之洞

他于 1880 年出任山西巡抚后，大力宣传洋务运动为当务之急，并于 1882 年在太原府署之北（今山西实验中学）创办令德堂。令德堂于光绪十年（1884）建成院舍，订立章程，聘请王轩为校长，张于涛、杨笃、杨深秀为协理，其讲授内容既有经史、考据、辞章，又有近代科学技术，对培养山西近代早期科技人才起了积极作用。1884 年，在张之洞倡导下，创办了山西第一个近代工业——新药局。山西布政使胡聘之青年时代受洋务运动影响较深，1892 年升任山西巡抚后，也积极主张兴办近代工业，先后创办了太原火柴公司、山西机器局、新绛纺织厂等当时影响较大的企业。尽管后来他曾将山西矿权出卖给英国福公司，遭到人民的唾弃，但他在创办山西近代工业中所起的促进作用还是应该肯定的。

（五）教育事业的发展

鸦片战争以后，中国思想界提出了改革教育体制和文化思想的要求，提倡“中学为体，西学为用”，要求办“洋务”，兴“西学”，推行所谓“自强”和“求富”的新政运动。在这股思潮影响下，山西也开始兴办各种学堂，发展“新学”。当时为“西学入晋”的传播作出较大贡献的代表人物为李提摩太。

继山西大学堂之后，山西又创办了农林学堂和实业学堂等一批新式专科学校。其中农林学堂是我国最早的农林专门学校。至辛亥革命前，该校共毕业林科学生 33 人，留日学生 36 人。这些近代学堂的兴办，一方面传播了“西学”，另一方面为山西培养了近代第一批科技人才，这些人从不同方面推动了山西近代工业的发展。

总的说来，到了 19 世纪末 20 世纪初，无论是经济条件、社会条件，还是政治形势，都在客观上为山西近代工业提供了产生和发展的契机。而山西近代工业的发轫，也成为山西保矿运动取得胜利的强有力保障。

第三章

被觊觎的主角

在山西近代工业蹒跚起步的同时，“墨玉飘香”引来了英帝国主义的垂涎，清廷坐视不管，虚与委蛇，而不畏强权的三晋人民却紧紧团结，上下一心，用自己的努力誓死捍卫山西的矿权，创造了奇迹。

第一节　墨玉飘香惹人“涎”，萧墙内外起争端

阳泉市平定县境内有一座满山浮石、颜色红褐的东浮山，山顶耸立着一座历史久远的女娲庙。东浮山多产石炭，传说是女娲氏炼石补天的遗灶处。

神话往往有现实的影子。山西煤炭开发史至少可以上溯到2500年前，在源远流长的历史长河中，山西优厚的煤炭资源因时代的不同而名称各异，现代人常以“乌金”、“墨玉”、“太阳石”的雅号、芳名相赠。然而，当中国被迫打开国门后，世界列强的魔爪便先后伸向了拥有丰富煤铁资源的山西，给山西带来了深重的灾难。

关键词：煤炭　晋丰公司　福公司

一、“墨玉”飘香——得天独厚的煤铁资源

山西素以中国“北方煤海”闻名于世，煤炭储量之富、品种之多、质地之优令人瞠目。主焦煤、弱粘煤、长焰煤、无烟煤、褐煤、贫煤、瘦煤、肥煤、气煤等十大煤种样样俱全，令人眼花缭乱。低灰、低硫、低磷，每公斤发热量最高达 7 500 大卡的“三低一高”品质令人折服。埋藏浅、煤层多、采层厚、易开采的地质构造令采掘者神往。仅就储量、产量而言，它分布于全省 90% 的县市，以目前开采水平估算可供开采七千年之久。

山西被称为“中国的鲁尔”。每年国家从各地调出的煤炭中，60% 以上的乌金都赫然闪烁着“山西”二字。也就是说，全国靠国家分配煤炭的发电厂、机车、轮船、冶金焦炉和机关民用，每投两锹煤，就有一锹多来自山西。用这些煤，可供炼钢 1 300 余万吨或发电 680 多亿度，光是块煤就可生产优质化肥 490 多万吨。若把这些煤炭铺成高、宽各一米的堤坝，可绕地球赤道一圈，能修十条举世瞩目的万里长城。

“煤藏之富甲天下，得天独厚墨玉香”。并非溢美之词。在三晋大地，每隔十几分钟就有一列满载煤炭的列车风驰电掣驶出娘子关，北越外长城，南

山西独具一格的煤雕

过风陵渡。

山西用飘香的“墨玉”架起了中国与世界人民之间友谊的桥梁。源源不断的乌金宛如滚滚不尽的长河，川流不息流向四面八方，有的还漂洋过海，远渡英、法、荷、意，造访缅、日等国。据说英国王室贵族还曾以燃用“煤中皇后”引以为荣。

千百年来，三晋人民均以身居煤乡聚宝盆而欣慰、自豪，但对晋煤的开发史，特别是近代山西围绕它所展开的一系列惊心动魄的掠夺、反掠夺却知之甚少。

延伸阅读

明朝的陆深在《浮山遗灶记》中记述道：“岁上元之夕，无论大小，家家置一炉，当户高五六尺许，实以杂石，附以石炭，至夜炼之达旦，火焰焰然，光气上属，无为之赤，至今不废也，是谓之补天。”

二、垂涎欲滴——列强将魔爪伸向三晋大地

晋省煤矿星罗棋布、四处开“花”，不知引起了多少人青睐，唤起了多少人向往，这其中包括觊觎山西煤炭已久的英帝国。

英国侵略者发动的鸦片战争撞开了中国的大门，接着，各资本主义国家蜂拥而来，疯狂进行对华侵略。随着入侵者往来船只的日趋增加，作为燃料的煤炭就成了他们首先争夺的对象。

山西煤炭之富足、煤质之优，早已闻名于世。而英帝国对山西煤炭资源的侵略始末在肯德著的《中国铁路发展史》中记述得十分详尽：清同治九年（1870）和清同治十一年（1872），德国地理学家、旅行家李希霍芬曾两度来到山西。他在勘探了山西的煤炭资源以后曾在著作中说：“丹那教授比较各国煤田与土地总面积的比例说，宾夕法尼亚州是世界第一，该州总面积为 43 960 平方哩，包含煤田 20 000 平方哩。中国山西省总面积为 55 000 平方哩，若仔细考察的话，则它很有可能夺取宾夕法尼亚州的荣誉，因为后者的煤田比例大大地超过了前者。但这不是中国煤田的唯一优点，还有一个优点是开采便利、成本低廉，因为可以大量开采。该省有基础煤矿所出产的无烟煤，其品质明显地堪与宾夕法尼亚州的上等煤媲美，而每吨仅售一先令，所有煤块都大达几立方英尺。”

在谈到山西阳泉、平定一带手工业状况时，李希霍芬说，当地煤矿到处都有，铁冶业发达，

李希霍芬

延伸阅读

李希霍芬（Richthofen，Ferdinand von，1833—1905），德国地理学家，地质学家，近代早期中国地学研究专家。又译里希特霍芬。生于卡尔斯鲁厄，卒于柏林。早年从事欧洲区域地质调查，旅行过东亚、南亚、北美等地。多次到中国考察地质和地理。曾任波恩大学、莱比锡大学和柏林大学教授，柏林大学校长。他提出地理学是研究地球表面的科学。著有《中国》、《当前地理学的任务与方法》、《研究旅行指南》、《19世纪地理学的动力与方向》等。

有煤甚多。还说，当地煤价甚低，每担不过十文钱，运到赵陵铺后，售价便增为每斤十一钱。

在华勘探期间，李希霍芬曾在上海发表了《中国旅行报告书》。这个报告书的发表，如同扔出了一块肥肉，立刻引来了争相啖食的豺狼虎豹，西方列强开始用贪婪的目光紧盯原本远离争夺中心的三晋大地。

清同治十二年（1873），英国国会为掠夺山西煤炭进行了一场辩论。国会议员阿克莱德质问外交部次长恩菲尔侯，问他是否注意到李希霍芬于1870—1871年在上海发表的报告，叙述中国若干产煤的省份，尤其是山西省煤田的面积、煤层的厚度，此外还有取之不尽的铁矿；又问英国政府是否打算和一同签订《天津条约》的诸盟国共同协理与清政府交涉缔结附约，以便使英国及欧洲资本能在中国进行矿业投资，以及与此相关联的铁路修建事业，并得到条约的适当保障。外交部次长恩菲尔侯回答说，李希霍芬关于湖南、湖北、河南及山西诸省的报告，已由英国驻上海领事于1870年9月送到本部。他还说，关于从清政府获准采矿筑路的问题，曾一再提出要求，但不幸未能如愿。

自此，山西煤炭就日益被西方列强所关注，成了他们重点掠夺的目标之一。

李希霍芬1868年9月到中国进行地质地理考察，直至1872年5月，将近4年，走遍了大半个中国（14个省区）。回国之后，从1877年开始，他先后写出并发表了五卷带有附图的《中国——亲身旅行的成果和以之为根据的研究》，系统阐述了中国的地质基础和自然地理特征，提出中国黄土风成理论。这套巨著是他4年考察的丰富实际资料研究的结晶，对当时及以后的地学界都有重要的影响。他是近代中国和西方国家科学交流的重要先驱，对近代中国地质学、地理学的产生和发展具有重大影响。

三、掩人耳目——为得矿权官商勾结

19世纪末20世纪初帝国主义列强加紧了对中国的经济侵略，并由早期的商品输出转向商品输出与资本输出双管齐下的阶段。甲午战争以后，各帝国主义国家通过《马关条约》攫取了在华投资设厂的权力，进一步加快了掠夺中国领土的脚步，掠夺中国的富源。1897年底，德国借口山东曹州有两个德国传教士被杀，派遣海军占领胶州湾，用炮火强迫清政府签订了《胶州条约》，获取了胶济铁路的建筑权和铁路两旁30里范围内的矿产开采权。

在彻底沦为半殖民地半封建社会的中国大地上，清政府也已成为“洋人的朝廷”，从地方到中央对“洋人”无可奈何，任听列强在各地投资建立各种工矿企业，使中国丧失了更多主权。而曹州事件的发生，打响了帝国主义用武力瓜分中国的信号。一时间，形成了帝国主义瓜分中国的狂潮：沙俄强租旅大，日本划福建为势力范围，法国强租广州湾并划两广、云南为其势力范围，美国夺得了粤汉铁路修筑权，英国强租了九龙半岛和威海卫。……在众多政治、经济特权中，开采矿业就是其中主要的一项，而山西煤矿开采权的出卖，就发生在这个特定的历史环境下。

（一）罗沙第的阴谋

甲午中日战争结束不久的光绪二十二年（1896），一个名叫康门斗多·恩其罗·罗沙第的意大利牧师，以考察中日战后情形为名来到北京。经过一段时间的详细调查后，他初步酝酿了一个掠夺山西煤炭的计划。此后，他返回欧洲。通过宣传，他于1897年春在伦敦组织了一个英意联合公司，资金2万镑，按照英国法律注册，命名为福公司。这个刚刚注册、在当时名不见经传的福公司将在未来的历史事件中扮演非常重要的角色。

经过一系列紧锣密鼓的策划，罗沙第腰缠万贯、胸有成竹地再次来到中国。他和他的福公司一开始就热衷于追逐山西矿产的让与权问题。为了实现这个目标，罗沙第决定要与中国官场“广结善缘”。他首先将目标锁定到了清朝官吏马建忠身上。马建忠熟悉英语和法语，曾做过中国驻英国公使馆的参赞，拥有相当的地位，能出入中国的政界，可以成为沙罗第进入中国官场的跳板。为了结识马建忠，他令手下谋得一个差使，成为马建忠的副手。

随后，罗沙第又结识了山西知府刘鹗和另一个叫方孝杰的人，并拉拢了山西商务局总办贾景仁，他们同流合污，一起进行着出卖山西矿权的罪恶勾当。

（二）改革家抑或是历史的罪人？

稍微了解山西保矿运动历史的人，都应该注意到两个人：一个是当时的山西巡抚胡聘之，另一个是当时的候补知府刘鹗。胡聘之我们在前文中已经略有提及，在晚清那样腐败的官场中，胡聘之的官品还是值得人们称道的。他以发展山西近代工业为己任，先后推动建立了“山西火柴局”、“山西机器局”，尤其是山西机器局的建成开工，开创了山西以蒸汽机为动力，以金属切削机床为手段的现代工业生产先河。

就阅历而言，刘鹗经过商，做过官，官衔达到候补知府；就学问而言，他不仅精通数学、医学、水利等经世致用之学，而且是一个小说家。他创作的小说《老残游记》，语言富于表达能力，通过一个名为“老残”的江湖医生的见闻，揭露了当时官场的黑暗。可以说，他也是一个主张革新、呼吁变革、有思想的士大夫。他与胡聘之都意识到了中国变革的必要性，试图通过个人的努力去做一些事情。

然而就是这两个人，却由于争矿运动而身败名裂，成为山西民众抨击的对象，成为历史的罪人；在清廷，胡聘之被“即行革职”，刘鹗则不仅被革去知府官衔，而且“永不叙用”。原想以此建功立业，一展宏图，不料惨陷“落凤坡”，前程尽失。

（三）“挂羊头卖狗肉”的晋丰公司

甲午中日战争以后，列强进一步叩开了中国内陆的大门。然而，对于大多数民众而言，洋人、洋学、洋货仍是一种禁忌，更何况是出卖原本属于山西的矿权问题。为了防止国人反对，

刘鹗

延伸阅读

清末光绪二十五年（1899）秋，在清朝廷任国子监祭酒的王懿荣发现甲骨文，其后他通过搜购，累计共收集了1 500多片“龙骨”。王懿荣殉难后，他所收藏的甲骨，大部分转归好友刘鹗。刘鹗又进一步收集，所藏甲骨增至5 000多片，于1903年拓印《铁云藏龟》一书，将甲骨文资料第一次公开出版。甲骨文发现的故事，后来被人们称为“一片甲骨惊世界”的奇迹，刘鹗也在中国和世界考古史上写下了传奇的一页。

刘鹗"独辟蹊径"，采用"挂羊头卖狗肉"的伎俩"曲线救国"。

汪敬虞的《中国近代工业史资料》一书中曾提道：早先，刘鹗曾多次鼓吹借外资修筑津镇铁路，但没有成功。后来又以"国无素蓄、不如任欧人开之"的卖国论调，谋将山西矿权出卖给外国人，并进一步以"货恶弃于地，不必藏于己"的谬论去煽惑山西巡抚胡聘之。为了防止国人反对，他"挂羊头卖狗肉"，一面组织买空卖空的晋丰公司，以商人的名义向山西商务局请求开办山西各地煤铁等矿；一面又以商人关系用晋丰公司的名义向福公司借银一千万两，与福公司"共同"开采山西盂县、平定州、泽州和潞安府所属矿产。光绪二十三年（1897），刘鹗通过商务局得到山西巡抚胡聘之的同意，与福公司签订了《请办晋省矿务借款合同》五条，又签订了《请办晋省矿务章程》二十条，并经胡聘之批准执行。

英商福公司在平潭街驻地旧址

通过这两个条约，胡聘之和刘鹗将山西矿权出卖给了福公司。根据《请办晋省矿务借款合同》第一条，刘鹗的晋丰公司可以"独自开办盂县、平定州与潞安府、泽州两府属矿务"，并且还可以"依次逐渐推广"。刘鹗本无开矿之心，他只是为了捞取私利才玩弄花招，以中国商人借款合办之名，行转让外商开办之实。他开办的晋丰公司的实质，在"矿务章程"中作了注脚，"各处矿厂应用华洋董事各一人，洋董事管工程，华董事理交涉，账目皆用洋式，银钱出入洋董经理”。关于盈余的分配办法是：清政府百分之二十五，商务局百分之十五，晋丰公司百分之十，福公司百分之五十。开采时间定为60年。

（四）清政府的“慷慨”

两个条约签订后，因为严守秘密，没有公开，所以世人对内幕并不十分清楚。当时的学界曾有舆论，说胡聘之私人受贿50万金，才批准了这两个卖矿条约。其实，一些上层官僚、绅士还是发现了胡聘之、刘鹗一伙出卖矿权的劣迹，他们纷纷奏本，反对这种出卖矿权的行为。然而，“强弩之末”的清政府早已无力开办实业，于是便顺水推舟，达成了福公司的心愿：首先，慑于舆论压力，清政府下令命山西巡抚罢黜了刘鹗一伙，晋丰公司也随之夭折；其次，又下令把出卖山西矿权的交涉事务交由总理衙门直接主持办理。于是，总理衙门调山西商务局代表曹中裕火速进京，在总理衙门与福公司代表罗沙第直接谈判。

1898年，经英国公使施加压力后，清政府修订过去的合同，重新拟订一个《山西开矿制铁以及转运各色矿务章程》20条，并经光绪帝于5月17日批准，5月21日由山西商务局代表曹中裕与福公司代表罗沙第在总理衙门画押。这样，清政府通过区区一纸便出卖了山西的矿权，给山西人民带来了无边的灾难。

通过清政府直接插手修订过的这个章程，福公司以向山西商务局提供借款1 000万元为条件，获得了山西的矿产开采权与铁路建筑权。开采的范围是盂县、平定州、泽州、潞安府与平阳府属煤铁，以及他处煤油各矿。期限为60年。为了防止群众阻碍，清政府还委派人员料理和帮助福公司的开采工作。

清政府与福公司签订的合同和章程具有明显的卖国性质。根据这个章程，出卖的范围比刘鹗等人的更加扩大了。开采地区除前四处外，又加上了平阳府和“他处煤油各矿”。税利的分配办法使山西商务局无利可图，余利的绝大部分被福公司攫取。这次索性不用与晋丰公司合办的名义，而是由商务局直接“转请福公司办理”了。这个章程还明确规定：“凡调度矿务与开采工程、用人、理财各事，由福公司总董经理，山西商务局总办合同办理。”章程还答应了福公司更多的便利条件，如第8条规定开矿机器料件入口可以“完纳海关正半税项，内地厘捐概不重征”；章程第17条规定，为了便利福公司转运山西煤铁与各种矿产出境，允许福公司修路、造桥、开浚河港和添造分支铁道接至干路或河口。这时福公司主持者已经易人，英国驻上海总领事哲美森取代罗沙第担任福公司总经理。这就是说胡聘之将矿权卖给了意大利人，而清政府将矿权卖给了英国人。

这充分表明，腐败懦弱的清政府比胡、刘出卖主权的范围更为扩大，更显“慷慨”。连封建势力的代表罗振玉出于对朋友刘鹗的同情也说：“廷旨罢晋抚由总署改约，欧人乘机重贿当道，凡求之晋抚不能得者，至是悉得之。”（见罗振玉《五十日梦痕录》，转引自乔志强《清末山西人民的收回矿权运动》）

获得山西采矿权之后，英意福公司在国际上的地位陡然提高，它发行的每张一英镑的股票，一下子就由150万张增加到152万张，这就是有名的“山西股票”。

第二年，野心勃勃的福公司，派出以葛拉斯为首的勘察队，到中国进行实地勘测。福公司董事们根据勘察队提供的准确报告，满心欢喜地又派出了铁路建筑工程师。光绪二十六年（1900），当这伙工程师到达河南的时候，正值中国义和团运动在华北地区蓬勃兴起的时候，唯恐伤及自身的他们慌忙撤退避难，帝国主义国家掠夺山西煤炭的罪恶活动，也因此暂时停了下来。

义和团运动虽然暂时阻止了帝国主义国家对山西煤炭的掠夺，但是清政府埋下的祸根却没有清除，一旦“春暖花开”，便会萌芽出土。

第二节 遥相呼应的保路运动和保矿运动

历史有时强加给一个民族的命题是不容选择的。当历史翻开20世纪新的一页时，人们只觉满纸腥风、一把血泪。整个中国大地笼罩着一片即将亡国灭种、备受蹂躏的肃杀景象：世界上所有的帝国主义国家都以坚船利炮为后盾，争先恐后扑向中国。他们敲骨吸髓、狼吞虎噬，予取予求，不如其意不止。帝国主义的野蛮入侵和清政府的软弱无能，引起了中国人民的极大愤慨。于是在遭受到一系列屈辱和挫折后，半殖民地半封建的中国逐渐掀起了一个民主革命的高潮。

关键词：自主筑路　保路运动　保矿运动

1905年，俄国发生了无产阶级领导的资产阶级民主革命。这次革命给了沙皇专制制度以沉重的打击，同时，鼓舞了处于探索迷茫期的中国民主革命，使得民主革命思想逐渐深入人心，成为不可抗拒的历史潮流。在民主革命的历史潮流推动下，中国人民同帝国主义及其在中国的代理人清政府之间的矛盾越来越激化了，人民的反抗斗争呈现持续高涨的状态。从1903年起，各阶层人民反对帝国主义控制矿、路的收回利权运动逐渐开展起来。

一、欲争利权——自主筑路的艰难历程

山西地处黄土高原，万山环抱，交通艰难，因而要想煤炭能够大量开采，必须保障山西交通的流畅。19世纪后半叶，铁路被迫“引进”中国，当朝发夕至、一日千里的铁路带着滚滚货源在中国的沿海城市间呼啸而过的时候，山西却“民风未开、尚不知火车为何物”。为了能够将山西优渥的煤铁资源大规模运出，并从中获得暴利，西方列强又把注意力投在了山西的筑路权上，而山西的第一条干线铁路——正太铁路，就是由俄、法帝国主义插手，后由法国以借款形式修建并经营起来的。可以说，山西的路权和矿权是紧密相连的，正是正

太铁路修至阳泉导致了争矿运动的爆发，成为山西轰轰烈烈收回矿权运动的导火索。

当正太铁路修进太行山时，娘子关内为之轰动。三晋百姓成群结队争相观看，当看到不用牛马牵引、呜呜鸣叫的庞然大物——闻所未闻、见所未见的“铁马”在轨道上风驰电掣、疾驶如飞时，人们惊叹不已、啧啧有声，都感慨良骑佳骏都与此“迅疾如飞”的“妖物”无法比拟。众人在惊奇之余更觉美中不足：铁路均为洋匠设计建筑，“铁马”由其操纵驾驭，经营管理也由他们独揽大权，难道洋人聪慧、华人愚钝不成？

1905 年，清朝铁路大臣盛宣怀与福公司续订了《山西熔化厂并合办山西铁路合同》4 条。是年 7 月 3 日，盛宣怀又与哲美森在北京签订了《道清铁路借款合同》21 条及附件等，答应福公司修筑由河南道口镇经清化镇至山西泽州的铁路，将来路成之后，管理权归福公司。这样，英帝独占了山西的煤矿开采权和部分铁路修筑经营管理权。

修筑正太铁路本为开发晋煤、铁资源，服务桑梓，然而阳泉煤经正太转平汉、北宁、抵天津塘沽的转运中，运货路费以正太路最为苛刻。贪婪的法国公司为攫取暴利竟以超出世界铁路会议制定的“万国煤运率”五六倍的高额运价对阳泉煤苛收运费（“万国煤运率”吨哩七厘，每哩等于 1.609 公里）。而对同一条铁路线上的外资经营的井陉煤征收吨公里六厘二的运费，却不足阳泉煤运价的四分之一。在两相比较之中，

正太铁路，山西第一条干线铁路，它全长 243 公里，在山西境内的线路长达 172.381 公里。正太铁路的通车运营极大地沟通了山西与各省的经济文化往来，为山西物资尤其是煤炭运输打开了新的门户。

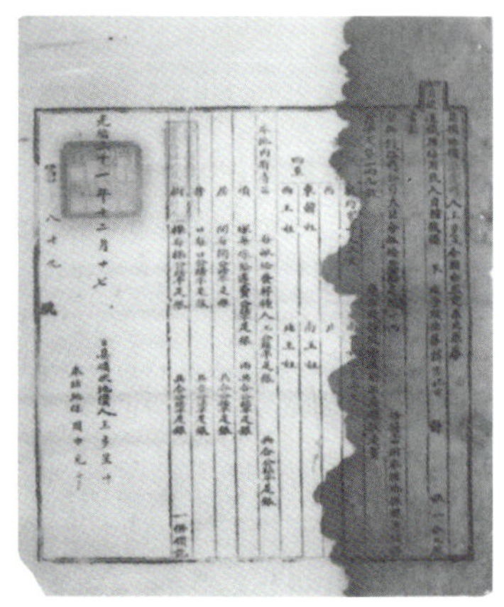

1905 年，修筑正太铁路时的一份征地契约。

运价悬殊令人发指。这种本末倒置的做法，令舆论界为之沸腾。难道国人不能自筹资金自建铁路以免路权异人？

1905 年夏，正太铁路修至阳泉段竣工通车，福公司看时机成熟，即派人到平定一带勘察矿苗，绘制地图，并强行封闭当地民间已开办的土窑，遭到了平定人民的强烈反对，激起了轰轰烈烈的保矿运动。

（一）曲高和寡——同蒲铁路的艰难自办

其实,远在 19 世纪末清廷就有修筑这条纵贯三晋南北之干线铁路的刍议。光绪二十三年（1897）五月，清政府邮传部拟定了一个铁道建设计划：以北京为中心建四大干线，其中西干线及正太线，同蒲线连通潼关，向西经兰州至伊犁。1902 年晋绅刘笃敬也曾“众睡独醒”，倡议自筑同蒲铁路。而这些努力都因运作困难而暂行搁置。

可痛可怜的现状促人猛醒、唤人振奋。1905 年，山西在籍京官、翰林院庶吉士解荣辂及晋省商绅 33 人联名向当局呈称：今日列国竞争扩张权力，皆恃铁路为先驱。欲保守权利，必以自造铁路为第一要义。我等共同筹议，“拟仿粤汉、川汉公司办法，参酌本地情形，招集股本，自造铁路。由太原省城起南达蒲州，以通黄河，北抵大同、宣化，共计程 2 000 余里，约需费 2 000 余万两，名曰同蒲铁路公司。办事诸人，筹集股本三五十万，先从太原至平遥一段入手，以资提倡。用人办事，一切俱遵《商律》。此后分年集款，分段程功，勉力筹措，尚非甚难。恳请奏咨先行立案，以保利权”。

由于同蒲铁路集款修筑、造端不易，能否起色尚难悬揣，所以解荣辂等人认为：“非公举一人总司其事，未易纲举目张；更非乡望素孚之正绅，尤不足以昭众信。”经众人多次的筹商,“查有在籍前甘肃布政使何福堃,廉明公正,规划精详,堪胜总办之任,拟援赣、闽等省成案,公举为总办。一切用人、集股、购地各事宜，统由该总办详订妥章，禀明山西抚臣转咨商部查核办理”。

山西官绅“为维持地方自办利权”，拟以本省之财力办本省之路的建议深得清廷赞许。当解荣辂等人顺应潮流呼吁自办同蒲铁路的要求提出后，山西巡抚张曾立即转呈清廷开陈利害：“山西地居右辅，北控边荒，煤铁之饶，久为外人窥伺，若不及时造路，必致受人要挟。同蒲一路，轨长费钜，中历山险，

娘子关

通道原非易易。然为他日不能不办之要工，即为今日不可不争之先著。既据该绅商等联名禀恳，合全省之力，办全省之工，自应准如所请，以顺舆情，而杜后患。”

农工商部尚书载振亦向光绪皇帝奏称：“山西路线，上通秦、陇，下接汴、洛，洵为西北造路中权扼要之区。”如果该省绅商，果能自筹建筑，“裨益商务，殊非浅鲜，自应照准立案”。光绪三十三年（1907）九月，邮传部发给山西“总办山西同蒲铁路有限公司关防”一枚，令地方自办同蒲铁路。

在得到圣旨后，主持筹建同蒲铁路的何福堃满怀兴晋富民的鸿鹄之志，先设总局于太原，次设分局于京畿，并雄心勃勃地拟定了《山西同蒲铁路总局开办简明章程》，准备分年集款、分段兴工、不拘年限、以求必成。他认为“同蒲铁路线长费巨，筹款维艰，万难同时并举，全线之中惟太原至平遥，风气既开，客货较多，应先从此段入手”，即名为同蒲铁路第一段。“此段办有头绪，再由平遥至平阳为第二段，由平阳至蒲州为第三段，再由太原至忻州为第四段，由忻州至大同为第五段，由大同至张家口为第六段。择要先修，以资扩充办理。”由于筑路大业方兴未艾，他急需人才，“于铁路附近，设一学堂，招选聪颖子弟，专习铁路工程，以备任使；并先择已习普通科学者数人，资遣前赴日本或欧美，学习铁路科，用收速效”。

为保护晋人权利，同蒲铁路有限公司“以不入外股、不借外债为目的”，议定仿照西法招商集股，发行股票和债券：“今先造省城至平遥之路，拟先集股二百万两，刊印股票四十万张……尽本省绅官商民先行购买。外省之人，亦可附入。或多人一股，或一人多股，自一股至万股以上，皆不限制。……凡招股之人，无论本省外省，但能招至二百股者（即一千两），公司另送红股一分，作为酬劳（红股每股作银五十两）；二百股以上，照此递加。”各股友中如有出资五十万两以上者，则由公司呈请邮传部核夺，请旨给予褒奖以资激励。

1905年福公司发现平潭、蒙村一带绅民挖煤，致函山西商务局令其停采。商务局函请福公司派人来并解决。图为山西商务局大门。

为了消除疑虑，激励国人入股热情，公司函告天下说："首段干路告成，即行开车。所获运费，除本年修路经费应支各项及应付股息外，如有盈余，即为红利，分作二十成。先提二成呈交公家以尽报效之忱，再提三成作为公积，以为推广下段之用，又提三成酬劳在事出力人员，下余十二成按股均摊分给，以期同沾利益。"

何福堃等人还劝导本省绅董，企盼各府州县，各村各族"将所有生息公款，悉数改存本公司，以厚资本"。并信誓旦旦，再三保证："凡有生息公款，由本公司出券任借作债，而不作股，悉照各款原生息数起算，按时付给。该款于本公司盈绌概不过问，亦不分红。将来干支各路全毕，公司丰裕，即行陆续拨还。凡轨道所经及桥梁、货栈、机厂、车站一切应用地段，俟测量定妥后，如系民地，无论平民、教民之地均用现银购买。倘若关心桑梓，愿以地价作为股本者，悉以九成作十成算，用示优异。如地价不符股价，应补现银，则作十成交纳。至地亩既经公司购入，所有该处应完钱粮，统照原定科

雁门关

则，由公司认完，不再与原主相涉。如所购地内产有材木、石料，查系各于铁路之用者，亦归公司购买，按时价估给银两。”“所需铁轨，先尽汉阳厂购用，如或不足，然后购用外物；并请于路线附近处自设炼钢厂，以铸铁轨。”

筑路之难首在筹款。不集外股、不借外债，骤欲集股千百万两之多实非易事。何福堃毅然独任其难，立足本省，广开财源，力期集腋成裘，颇有魄力。然而，他为三晋官绅、百姓精心描绘的这幅大胆美妙、色彩斑斓的集股筑路宏图一付诸实施便困难重重，结果出人意料。

虽然同蒲铁路公司总办何福堃原以为挽利权招商集股自主办路，上合国体下利桑梓，如此大业势必购股踊跃集腋成裘，众擎易举，铁路早观其成。但是，欲集股千数百万金之多又谈何容易。更何况道路悠悠、工艰费巨，成功与否实难揣测。倘若同蒲百年不成分红无期，众股东百万之财便会付之东流。为此，无论集股章程之规定如何完备，利益之分配如何公允，描绘之前景如何诱人，三晋百姓依然深有疑虑、和者盖寡、不为所动，以致承买股票者仍旧寥寥几人。

“阳春白雪，曲高和寡”，这一情况急煞了公司总办何福堃。于是，走投

◎ 同蒲铁路

声声汽笛声，弯弯铁轨，那连绵不绝的枕木沟坎，跨越风陵渡的风雪，驶向奔腾的前方。

无路的他，只得借重官力，寄希望于“山西亩捐”。所谓山西亩捐本系庚子事变后按粮收的晋省教案赔款。“每粮银一两，随捐银一钱五分，每年约收银三十七八万两。”当亩捐赔款将届期满时，何福堃和众绅商联名禀请晋抚，要求“展限十五年，照旧收捐，解交藩库专备晋省修路开矿之用”，并申明路矿分办，以专责成。同蒲铁路所有亩捐银两“公司仍照章填票给息，息银分拨各州县为兴学经费。”

何福堃绞尽脑汁、使出浑身解数，勉勉强强罗致了 227 000 两筑路资金，其中亩捐银 20 万两。实收股金只有可怜巴巴的 27 000 两。集股现实无情地戏弄了志大才疏的何总办。他自觉江郎才尽、羞愧难当，“遂因病辞差”。

同蒲铁路集股经年无所建树，清廷颇为不满。1909 年邮传部上奏折说：“查山西铁路，该省原拟由大同府起，修至蒲州府止，嗣后该公司因集款维艰，遂拟先修太原府城起至汾州府至平遥县一段。现据臣部委员复勘，尚须有斟酌之处，其款项仅存六万余金，倘不赶紧募筹，即此一段也无告成之望。应由臣部会同山西抚臣察看情形，如果悠悠无成，自应将该公司分别撤销，另筹办法。”

民办同蒲铁路筹划经年亦无起色，以致龙颜动怒，派员赴晋会同山西巡抚考验路工、稽核款项。陆梦熊、周明泉、唐乃仓等钦差经查勘发现：同蒲铁路有限公司原拟预筹280万元先筑太原至平遥一段，以期“分年集款、分段程功”。然而，实收股额32万元，仅占预筹股额的11.4%。莫说铺轨，就连奠基之费也远远不够。对此款项不济，筑路迟延的窘状，铁路公司自觉苦不堪言，认为是由于权力不及，官府提倡未力所致。

铁路公司诉苦无异于奏了地方当局一本，晋抚宝棻颇为恼怒。他匆忙上奏道，商绅所言同蒲铁路迟延原因，若仅论外表亦颇近似，但衡以事实殊多未符。敬将其中情形缕晰陈之。

就这样，商办同蒲铁路自1897年提出后，由于款项不济、官绅推诿、纸上谈兵、吵嚷不休而虚掷光阴十余载，与国办兴起的自主办路大潮失之交臂，及至1911年1月才破土动工，但时不我待，业已晚矣。

同蒲铁路有限公司本想先修太原经小店、徐沟至平遥段，没想到正太路竟以与其并行有悖合同为由激烈反对。同蒲无奈，只得改线——由榆次向南修筑，并于1911年9月完成榆次至太谷间35公里的路基土方工程，铺设了榆次至北要村八公里的路轨。不久，辛亥革命爆发，工程遂告中辍。

（二）詹天佑的行动

一代枭雄袁世凯窃国后强制推行“铁路国有”政策，迫使各商办公司交出铁路。1913年7月22日，袁政府与法比铁路公司签订了修筑同成（大同至成都）铁路借款合同，拟借1 000万英镑，年利五厘，三十年还清。9月18日，当拿到100万英镑借款后袁政府便急不可待地将同蒲路收归同成路。直到1915年1月、10月，太原至潼关、潼关至成都的勘线测量工作方才分别完毕。这就是袁政府不惜借巨款修筑同成路的仅有“政绩”。

同蒲铁路由商办转为官办依然毫无起色、迄无所成、虚糜钱财、贻笑大方。外国人洋洋得意地预言：“中国人想不靠外国人自己修铁路，就算不是梦想，至少也得五十年。”偌大华夏莫非竟无一人堪当争利权自主筑路的历史重任？

詹天佑

历史将这个重任托付给了一个人，他的名字叫做詹天佑，他还有另一个名字——中国铁路之父。

就在同蒲铁路如入维谷、进退两难之时，长城脚下骤然升起一颗与古长城交相辉映、耀眼夺目的新星——以修筑北京至张家口铁路而誉满寰宇的詹天佑。一提起詹天佑，人们无不交口赞誉他修筑京张铁路的斐然政绩，但关于他对山西展筑张绥路特别是对线路勘定的卓越贡献却鲜为人知。

京张铁路仅是我国自己设计勘测、自己筹款施工、为国争气争光的第一条自办成功的铁路——京绥路的东段。而横贯晋冀两省北部的京绥路之大部位于山西省境，为近代三晋对外联系的第二条大动脉。

1905 年 12 月 12 日，洋务派最早派出的留学生、以优异成绩毕业于美国耶鲁大学土木工程系的詹天佑在群众的欢呼声中将第一根道钉打入路枕，以此向全世界庄严宣告：中国已开始进入自行设计、自主筑路的历史新纪元。詹天佑为中国铁路史书写的光辉篇章及其“罕见的绝技”教育了国人，激励着后来者。弘扬民族志气，自建铁路的信心与决心在国人胸中陡然倍增。当京张铁路将届竣工之时，人们就拭目以待，揣测京张铁路将向何方展筑。山西与张家口比邻，自然先得近水楼台之利。

光绪三十四年（1908）路政司案呈邮传部道：“京张铁路，明岁可以告竣，预期应筹推展，以便交通。现议由张家口推至归化绥远城一带，以北达库、恰，西通甘、新总干。惟自张至绥，路程纷出，有由边外直达之道，有由大同、朔平出杀虎口以抵归绥之道，有由大同分途出得胜口经丰镇、陶林厅以抵归绥之道，有不经张家口即于迤南之沙城子往胡家屯、怀安县以抵大同之道，约计均在八百里内。如怀安、天镇、阳高往北，折出边墙，以达丰镇，较之南绕大同，路线更可缩近百里。其间路经之曲直夷险，施工之迟速难易，

"京张铁路"通行盛典

以及商货之出入多寡，沿路之有无矿产、森林，必须切实调查复勘，始有把握。"故今京张铁路局遴选妥员，乘秋高木落，便于实测之际，即日登程，逐加调查测勘，以利民生……

路政司案呈邮传部，请求趁热打铁展修张绥路。邮传部尚书徐世昌遂将目光盯在京张路展筑的问题上，以期借重詹天佑在国内的声望为自己的形象也增加一圈自主筑路的光环。

"殖民必筹及交通，实边即所以固圉。有路以供输运，则物产之贱者可昂，征调之迟者可速，张绥一线，实于行军、理藩政策极有关系，即使营业本金稍有短缺，亦难置诸缓图。况就营业而论，由张家口而丰镇、而归化、而河口，皆为繁盛商埠，近挹大同、阳高之煤炭、杂粮，远萃库伦、宁夏之皮毛、牲畜，将来西北客货奔捲云集，路利之巨、可操胜算。现各路同时并兴，部款十分支绌。惟事关重要，不得不极力筹集，藉备工需。""查京张工费，系从京奉余利除备付六个月借款本息外余款项下按年拨济，奏明遵辩在案。现由京张展至绥远，该路工费，拟仍援案就京张余利项下分起提拨，其不敷之款，即由京张路余利拟用。现由京张指日竣工，届时便可专营此路，即饬令京张路局人员一手经理，暂时定名张绥，毋庸另行设局，以节靡费，而资熟手。”听着徐世昌娓娓动听的描述，清廷为之所动，也寄希望于因筑路而名声大振的京张路局会办兼总工程师的詹天佑，以期再立殊勋，就近展筑张绥路。

甲胄未卸的詹天佑怀着振兴中国铁路事业、誓与洋人争短长的远大抱负，应邮传部之约派副工程师、候选同知俞人凤率领刘庸等人先遣入晋、勘察线路。俞人凤、刘庸等先遣测量队反复校勘后回禀说，由张家口抵归化城共有四条路线：

1. 取道八岔沟，出新平口经宁远为北线。

2. 取道大同，出杀虎口经和林格尔为南线。

3. 取道大同，北折边墙出得胜口抵达丰镇，再接北线西段。

4. 由归化城至河口，即托克托城为支线。

俞人凤勘测的张绥铁路南、北、中三线，其各自走向、地质地貌、施工难易迥然不同。倘非审慎周详于始，不仅需费巨而成功迟，且恐贻日后行车养路无穷之累。因此，他将三线反复对照、校勘后认为：只有张家口抵大同、北折边墙、出得胜口达丰镇、再趋归化、展修河口方为“铁马”可行之道。若以此线筑路，一则不失大同运煤之利而南北粮食皆可兼运，修养铁路之费可有把握；二则将来可与同蒲铁路接轨，使三晋构成以太原、大同为枢纽，南北“联姻”呼应自如，而且由我自主的“丁”字形经济长廊；三则聚乐山、揩儿岭、红塘水沟与脑包山、鹅岭坝、八岔沟相比，难易迥殊，理当避难就易。如果不图宁远之捷，取道陶林，则石匣沟亦可绕越。只是塞北边地风大旱寒、气候恶劣，施工期每年只有六个月。以此推算，张绥路约计八年即可竣工。

张绥铁路总工程师詹天佑收到俞人凤的勘测报告后觉得：这条

铁路路长费巨，远非京张路可比，仅工程费用每年就需二百余万两白银，而张绥路局人少款绌碍难同时兴作，必须集中人力、物力、财力，统筹规划，分段施工。他采取合中有分、分而有合的策略，把张绥全路分作四大段，每大段再分成若干段，每小段派工程师一名督办开工。竣工之段循序渐进、次第前移，滚动展筑以竟全功。

詹天佑主意既定可并不急于匆忙上马，因为他并不满足于间接的第二手资料。他认为张绥路所经之处地势起伏不一，山河间阻。要达到“花钱少、质量好、完工快”的目的，务必多方论证、审慎较勘。只有周详于始方可杜绝日后骑虎难下之患、贻笑洋人之羞。

并不急于求成的詹天佑在张绥路第一期工程即将开工之际，怀着对祖国铁路事业高度负责的科学态度，骑着毛驴翻山越岭、涉水过河，周历查勘初测之线。果然，詹天佑技高一筹、慧眼独具，发现俞人凤原来拟订的经太师庄、渡大羊河、循洪汤水沟、越指儿岭的线路设计并不科学。此段线路上下坡度甚大；开山工巨、建桥较多，甚至还需架设高 30 米、长 1 700 余米的大桥。如此筑路不仅费时旷工、开支浩繁，而且路成行车有诸多危险，稍有疏忽将会车毁人亡，后果不堪设想。于是，他当即指派陈守、西林等人“率同各工程司

北洋政府组建筹备巴拿马赛会事务局

逐[illegible]另改一线，以资比较”。

陈守、西林等人奉命改线勘测并将勘线报告及时上呈张绥路局后，詹天佑以此为据结合自己实地考察的结果互相参照、比较后果断决定：张绥铁路一期工程取道桥河、闫家屯，直趋北沙城，渡大、小羊河至柴沟堡。这条线路虽然不无开山垫河，与京张路最为险峻的蛇腰湾、老龙背有相似之处，但可免造两座跨距甚大的桥梁。仅此一项便可节省许多资金，而且路成以后获益甚多，特别是该线路上下坡度较小，最大仅一百三十分之一，从而增加了行车安全。经过科学论证的张绥铁路在总工程师詹天佑的主持领导下，于宣统元年（1909）10 月开始破土动工。詹天佑“宝刀”不老、雄心未减，一面责令各段“分另开标、予限竣事”，一面派陈守赴大同一带周历探测，派西林再起前途“次第详勘”，以备一期工程竣工之段及时抽调人员，择要展筑。

1911 年张绥铁路筑至阳高县，古城大同已隐约可见时，辛亥革命的暴风骤雨摧毁了摇摇欲坠的清王朝。英国借机停拨京奉铁路余利，张绥铁路资金无源，只得暂告中辍。詹天佑亦卸任离职，出任中华工程学会会长、粤汉铁路督办兼总工程师。尽管如此，他自主筑路、不懈奋争的民族精神和光辉业绩无时无刻不激励着后来者。1915 年张绥铁路修至大同、丰镇后，虽然遇到军阀混战经费困难，一战爆发建筑材料既贵且缺，筑路工程开了停、停了开的曲折和磨难，但在詹天佑精神鼓舞下，铁路百折不回、倔犟北上，于 1919 年 8 月抵达归化，1923 年 1 月又至包头。其间，京绥铁路管理局局长丁士源还于 1918 年 4 月至 9 月负责修筑了大同到口泉 19.8 公里的运煤支线。

从 1905 年至 1923 年，从京畿辅地到塞外包头，历时十八载、干线全长 816 公里，横跨铁桥 509 座、石桥 186 座的京包路诞生于国势危殆之时，而且在技术水平低下的情况下不许外国人插手，一举成功，的确令国人扬眉吐气。铁路的通达亦为晋煤打开了出口的“瓶颈”。

1915 年，国民政府应国际博览会之邀，通令各省遴选特产运往巴拿马参展。山西选送到巴拿马展出的不同种类之煤炭，在博览会上引人注目。它以上乘的品质，繁多的种类，初次在海外露面就被外国行家誉为“煤中皇后”而名满天下。晋煤冲出娘子关，走向全国，登上世界舞台是三晋的光荣与骄傲。

时至今日，以身居煤乡聚宝盆为荣的山西人民依旧没有忘记为晋煤外运争利权自主筑路而勘线奠基的铁路之父詹天佑。

二、怒潮席卷——保矿运动的爆发

一百多年前的争矿运动用今天的眼光来看，实质上是一场以维护民族权益为目的的国际金融运动。在当时，中国处于半殖民地半封建的国际地位，金融规则以及手段简单且原始，这些恶劣的条件使得本应是互惠互利的矿产融资合作开发的行为，演变成了一场轰轰烈烈的爱国争矿运动。

在熟悉了山西自主筑路的始末后，让我们把视角再一次转向山西的矿权争夺上来：作为全国此起彼伏争矿运动中最早发起的省份，山西自古地贫民寒，以开采煤炭为生者甚多。“庚子赔款”后，山西人民的生活受到了严重的影响。一旦山西矿权被夺，将会直接威胁到矿区人民的生计，争矿自办就成了他们的必然行动。

山河破碎、利权尽失，母亲受凌辱、祖国在呻吟。面对这创巨痛深的严酷现实，三晋人民挺身而出，群起抗争，率先打破令人窒息的沉寂，发动了一场挽狂澜于既倒、争矿权于虎口的保矿运动。

（一）一切从这里开始

平定（今称阳泉）是保矿运动的发源地。山西矿权被英帝窃夺后，1905 年 7 月，正太铁路正定至阳泉段即将竣工通车，沉默数年之久的福公司见时机已到，便迫不及待窜入阳泉。福公司派来阳泉的是测量工程师萧密德。他带领翻译，持游历执照，住在阳泉平潭，并不知会山西巡抚和山西商务局，便开始在正太路两侧勘测矿地，绘制地图。他们一共勘测到矿地四五十平方英里。在勘测到的矿地周围都插上旗子，旗上大书“福公司”三字。此外，他们还霸占矿地，强行封闭当时正在生产中的民营煤窑。《山西矿务档案节略》中说，当时平定“宋汝阳集股开掘县属蔡家洼沟煤矿，

1905 年秋，福公司总董事哲美森来太原与商务局谈判时，在太原海子边宴请英国人处。

甫经兴工，即被福公司禀请晋抚连带工人现凿洞口，全行封闭”。

此时，罗沙第已将福公司转售给英国人哲美森。这个哲美森曾经担任过英国驻上海的总领事，这时又担任了福公司的总经理。可以想见，福公司已不是单纯的工商业机构，而是英帝国主义控制下的经济侵略机构了。

《阳泉文史资料》中说：福公司在阳泉勘测矿地的时候，发现当地绅民也在打井采矿。如孙汝阳等人正在正太路南侧的蔡洼村组织打井。福公司对此大为恼火。7 月 15 日，该公司路矿总工程师利德写信给山西商务局，要求查封当地人所办的小煤窑。福公司的无理要求遭到了山西商务局的拒绝。商务局复函指出：“此系本地人自务本业，何能禁止？……查原订合同款内，并无不准晋人开采字样，今突然禁民开采，恐致民人不服，与合同内联络官民预息纷争之意相背，所请札饬禁止之处，碍难照办。”此后，利德又致函商务局，为其无理要求进行辩解，说根据章程条款第一条，山西商务局禀奉山西巡抚批准“专办”平定州煤铁矿。“专办”就是独办，独办就是他人不得再办。获得专办权的是山西商务局，但山西商务局已“转请”福公司办理了。因此，除福公司外，从章程签订之日起，60年内概不准他人再开新窑。阳泉新办的小窑是章程签订后才开办的，所以必须查封。利德甚至威胁说，如果山西商务局不能答应福公司的要求，那么福公司就要通过英国驻华大使与北京政府交涉。果然，光绪三十一年八月二十日（1905年9月18日），在福公司的催促下，英国驻华大使萨道义向清外务部发出了照会，照会指出：“按照光绪二十四年四月初二日划定之合同章程第一条，允福公司专办平定等府州煤矿；而十六条所准，惟指当地民人已开之矿而已；是以孙汝阳朱委员等所为，明与合同相悖，合请贵政府转咨晋抚，饬即停工，并将此等违背合同之举，一律禁止，是为切要。”

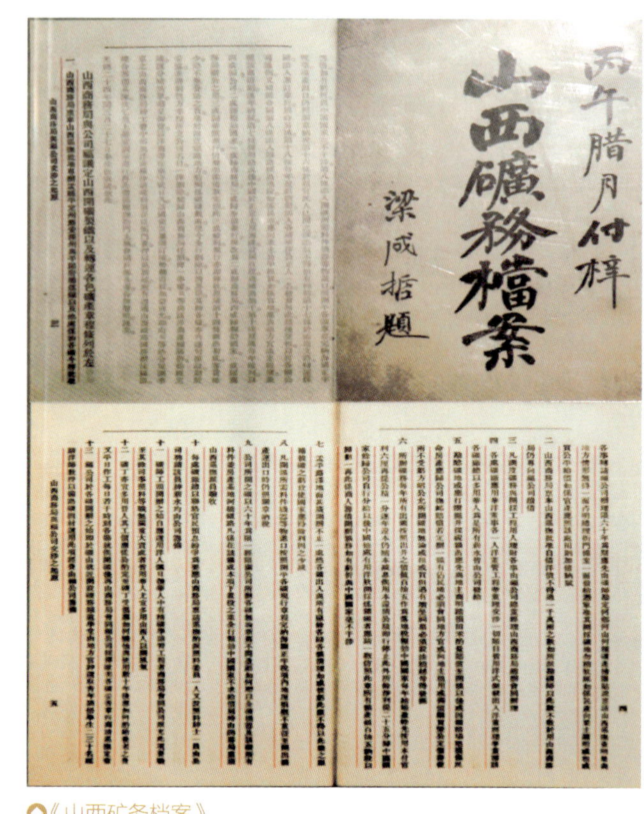
丙午臘月付梓
山西礦務檔案

◎《山西矿务档案》

（二）不得不“反”

平定本来地少山多，农产品不足，历来全仗境内矿产为养命之源，福公司强行封闭民窑，断绝了当地人的生活来源，因此孙汝阳等人不顾福公司的阻挡，继续组织凿井。以蔡荣田、李毓惠、张诚等人为首，在平定成立“矿产公会”和固本、保艾等公司，并在铁路两侧的山顶石头上都刻上“固本”两个大字，与福公司相对抗。后来，盛宣怀、袁世凯等封建官僚组织的同济公司在平定一带活动，当地绅民为了不使矿权落入外国人之手，就把铁路两侧的重要矿地卖与同济公司。阳泉人民齐心合力，不卖寸土与外国人，直接封住福公司开采平定煤矿的手脚。

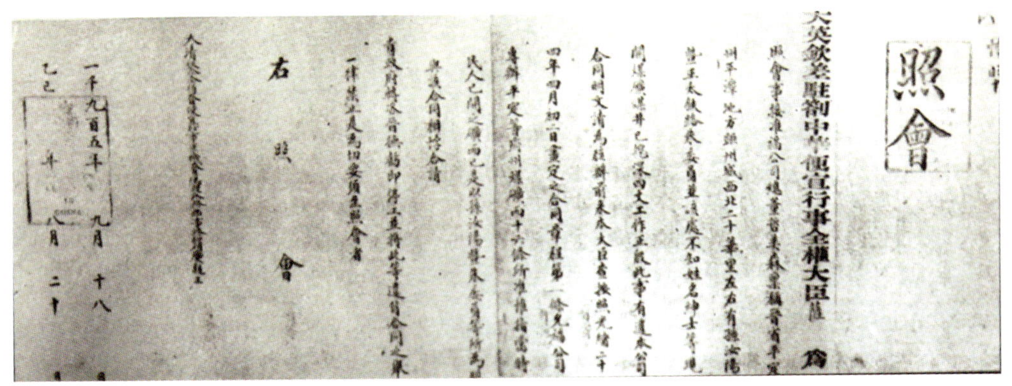
照會
大英欽差駐劄中華便宜行事全權大臣薩 為

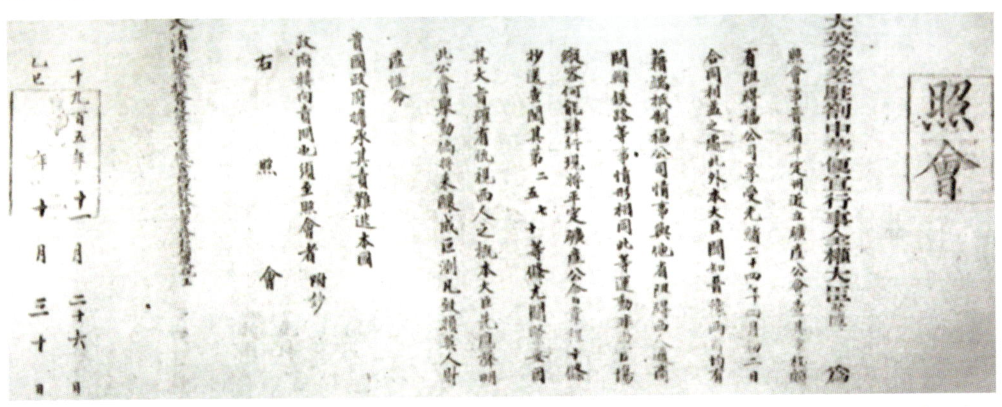
照會
大英欽差駐劄中華便宜行事全權大臣薩 為

山西地方当局将平定等地煤铁矿权出卖给英国福公司，此图为英国驻华大使萨道义发给清政府的照会。

福公司在阳泉占山开矿、强行封闭民间新开小窑，断绝了当地百姓的养命之源。哲美森气势汹汹赴并问“罪”不啻火上浇油。不久，福公司测地绘图，占山开矿的粗暴行动和一律查封民间新开小窑的消息传开后，激起了阳泉人民、山西各界人士、海外留学生以及开明官吏的极大愤慨，人们奋起反抗，一个声势浩大的争矿怒潮终于席卷开来。霎时间，晋人惶骇、山西震动，“父老呼号于野，官绅争讼于朝”。整个三晋大地宛如一座火山骤然喷发，燃起燎原烈火，斗争的矛头直指胡聘之与英帝国主义。

（三）反抗的力量

三晋保矿运动声势之大、参加人数之多前所未有。山西籍在京的封建官僚、地方官吏、乡间士绅、刚刚产生的民族资产阶级、山西青年学生与海外游子、矿区人民群众等社会各阶层都自觉不自觉地相继加入这场轰轰烈烈、声势浩大的保矿运动。

一场酝酿于三晋大地的燎原之火正是在这样的社会基础上骤燃爆发并辐射全国。而在保矿运动中，起主要作用的是当时山西的知识界和广大的人民群众。

1. 山西学界的反抗

1902年成立的山西大学堂，虽由英国人李提摩太主持，但这所新式大学的开办却促进了山西知识界的觉醒。

山西大学堂成立之后，太原师范、山西农林、法政、武备、实业以及河东警察等新式学堂相继问世。谈西学、办报纸蔚然成风。山西大学堂毕业生武绍光、刘懋赏、杨兆泰、郭象升等募集资金创办了山西第一份私营报纸《晋学报》，并以此为阵地揭露清朝封建统治的腐朽黑暗，进行革命宣传。北京《国风日报》主笔景定成亦与之遥相呼应，为之摇旗呐喊。

当英福公司强求封闭山西民间所开各矿的消息传开后，山西学界顿时地震山摇、雷声阵阵：以山西大学堂为"龙头"，全省各地学生相继罢课、纷纷开会、发表宣言、散发传单，呼吁各界参加斗争。山西大学堂还派人到阳泉进行实地调查。山西大学堂学生带头推举代表，根据万国公法，同英国人交涉。特别是西斋学生代表理直气壮提出质问，使英国人理屈词穷，无言以对。福公司无可奈何，便电请李提摩太来太原帮忙。李提摩太从上海赶到太原，对西斋学生用尽种种威胁利诱手段，但毫无效果。他苦心经营西斋的希图化为乌有，英福公司非常懊丧，埋怨李提摩太是作茧自缚。

争矿运动爆发后不久，一次，福公司总董哲美森专程赴太原交涉开矿事宜，山西商务局在其驻地海子边设宴招待。白象锦等人发起、组织了一支以山西大学堂为首，有数千人参加的游行队伍。当示威游行大队抵达文瀛湖畔的商务局门前时，正值宴会酒过三巡，气愤至极、怒不可遏的学生声势汹汹打倒门警，一拥而入。福公司代表哲美森初次领教"东方睡狮"醒来后的雄威，便被吓得丧魂失魄、不知所措，再也顾不上什么"英国绅士"的高雅与体面，竟钻到桌子下面躲起来。由于距义和团运动不久，洋人还存在着恐惧心理。山西大学堂西斋总教习敦崇礼（李提摩太的女婿，把持山西大学堂的西斋）企图阻止学生参加这一行动，结果非但没有得逞，反而因此气病交加，于翌年辞世。

山西学界力主废约，并向巡抚张人骏呈上禀帖。禀帖指出，山西矿产对山西人民的生存至关重要："山西僻处北隅，阻山滞河，无海湾商港之利以发达商业。所恃以争存于念记中者，惟此数千年蕴蓄未辟之矿产耳。故矿存则山西存，矿亡则山西亡。"（李庆芳集《山西矿务档案》）禀帖严厉指责山西商务局出卖山西矿权，未经山西人民允许，与福公司私订章程，将一省矿产开采权拱手让于英国人，背离了全省人民的意愿。禀帖还指出，久安之计首先在于议废原订章程，合力自办。禀帖恳求山西巡抚："上尊国体，下顺舆情，仿粤汉铁路皖省矿务办法，将商务局与福公司所立合同作废。"（李庆芳集《山西矿务档案》）学生们在禀帖中还主动向山西巡抚请求，为了争回矿权，他们情愿应劝捐纳，多设公司，以断绝外国掠夺山西矿产的欲望；情愿在年终归里后，遍告乡人，创立乡约，即使外人出巨价，也不售寸土，使福公司采矿无地，章程不废自废。

这一运动在太原学界掀起之后，迅速波及全省各地各界，许多县学校罢课，商会罢市，形成了不可遏止的争矿怒潮。当时太原知识界的喉舌《晋阳公报》率先宣传收回矿权，并刊载全省保矿运动的消息和各界的抗议宣言，有力地促进了全省的争矿运动。

2. 留日学生的号召

"身在异乡思故园。"在日本，很多山西留日学生都参加了孙中山领导的同盟会，并于 1905 年在东京成立山西分会，由山大中斋留日学生荣福桐任分会长。刘懋赏、赵戴文、徐一清、孟无文、兰承荣、谷思慎和荣炳等人携带《民报》、《大义录》、《猛回头》、《革命军》等许多革命书刊提前回国，从事秘密革命活动。

当山西籍留日学生得知晋矿被卖，英商哲美森执意要求福公司专办晋矿的消息后，个个义愤填膺。他们立即向山西商务局和山西巡抚电询实情。在确认之后，他们又向晋籍京官发电，要求尽力帮助山西巡抚废约自办。虽然

太原海子边，孙中山演讲旧址。

留日学生给外务部的电报只有寥寥数语，但却态度鲜明地表达了他们的主张：“福公司禁民开矿，侵我主权，请废约自办。”

山西籍留日学生群起集会讨论，打电报，发宣言，并在刊物上著文反对福公司专办晋矿，得到了中国籍留日学生的支持。

与此同时，这些身在异国他乡，心在父母之邦的海外学子们饱蘸激情，给三晋父老写了一封长达五千余字的公开信。

他们在信中一针见血地指出：既然山西向福公司借债，那么福公司只当享有债权，而不当再获矿权；如果说山西将矿权卖给福公司，那么福公司就只能获得矿权，而不应再享债权。如今福公司既享债权又获矿权，而山西以自有之矿反倒落得个既负债权又失矿权的境地。因此，福公司与山西商务局原订章程违背国际公理，纯属欺诈行为。福公司以强凌弱纠缠“专办”二字的目的并非章程所订明的几处，而是三晋所有矿权。每一个山西人均应提高警惕、奋起争矿，决不能认为与己无关，因为矿在三晋在，矿亡三晋亡。山西的祸害终将由山西人民承受；山西的事情只能由山西人民办理。山西人民只有组织起来依靠自己的力量背水一战、死里求生。“此事若争之亡，不争亦亡，与其不争而亡，贻千秋顺民之羞，何如争之而亡，留廿世亡国之念。”

公开信还从大局出发，权衡利弊，号召山西人民必须组织起来，依靠自己的力量，把斗争矛头对准英帝国主义，争回原本属于山西的矿权。就争回矿权，公开信还提出了两个方法，一是合起全体之争，二是离开章程之争。

公开信还竭力排除山西人民心中存在的疑虑。它告诉山西人民，福公司和商务局的交涉属于私人之间的交涉，因此山西人民作废原订章程并不会引起国际纠纷。发展矿业能振兴国家，决不会因此而民力不支。山西富商颇多，集资也不十分困难。山西争矿一方面应当努力作废原订章程，先声夺人；另一方面应当尽快集资，设立公司，购占矿地，造成既成事实。人们争相传阅、奔走相告。全省各地，学校罢课、商会罢市。一场群起自救、争矿保晋的群众运动迅速蔓延，而且愈演愈烈、汹涌澎湃。

留日学生论之有据、言之成理、哀婉悲切，促人猛醒的公开信犹如嚆矢轰动了山西学界，并在很大程度上鼓舞了山西人民争回矿权的斗志，增强了山西人民争回矿权的信心和意志。这时适逢山西留日学生李培仁蹈海自尽，使得保矿运动迅速发展起来。

3. 山西士绅的态度

争矿运动爆发以后，山西士绅公开反对盛宣怀与福公司续订的 4 条合同。他们呈请当时的山西巡抚张仁骏，要求其向清廷代为奏明，并撤销续订合同。

他们指出，呈文中盛宣怀续订的新约含糊立案，是在故意放弃山西商务局的主权。根据原定章程，山西商务局应当有专办权，而福公司只是转请代办。福公司知晋铁利薄，晋煤利厚，早想喧宾夺主，却又没有借口，而新续合同却正中其下怀，使其有恃无恐，既得到了铁矿的合办权，又将山西的煤炭握于手中，可谓一石二鸟。山西原本是为了办矿才向福公司借款、为了借款才转请福公司代理的，此时山西却不能成为主办方，而以五成为度，与福公司合办，实在是反客为主，于理不通。

4. 山西籍在京官僚的应对

在封建官僚中有两种情况：在北京任职的晋籍官员一开始就知道了福公司在阳泉的所作所为，当胡聘之与意商罗沙第密订卖矿之事传开后，出于自保利权的目的，他们也卷入了争矿运动。这些官员们联合向清政府递上呈文。呈文对福公司怂恿英国公使照会外务部强求封闭山西民间新开小窑的行径，进行了摘要陈述，表示了强烈不满。如山西商务局总办贾景仁（为胡卖矿奔走者）之叔，京官贾筱芸因其侄主张卖矿，曾倡为大义灭亲之说。接着京兆何润芙又专摺参劾胡聘之。山西商务局曹中裕奉总理衙门之命赴京与外人签署合同和章程时，山西同乡均闭门不纳。这种情况说明即使在封建官僚中也有人认为胡聘之出卖矿权是可耻的卖国行径。胡聘之等人为此大失人心，贾景仁、刘鹗等人在 1908 年 2 月受到上谕严厉斥责，并予革职永不叙用。

1908 年 2 月 21 日，渠本翘代表山西官绅民众在赎矿仪式上交付银票，赎回矿权。（油画）

地主官僚抵制出卖矿权的另一种形式是开办矿区。如董崇江曾以资金 20 万两设立同济公司；寿阳人崔廷献及王植槐设立寿安公司，并在寿阳荣家沟开矿，然因资金不足，在接受正太路委员会朱殿臣的股金后改为寿荣公司。他们的本意是想和福公司竞争，但不久都因资金短缺而停办，最后加入保晋公司。这时山西新兴民族资产阶级开始登上政治舞台，参加了保矿运动，办起了一些近代民族工业，如渠本翘后来当了保晋公司的总经理。

与其他各界相比，这些官员没有提出废约自办，可见他们的思想还是比较保守的。这些官员人数并不多，但由于他们直接活动在上层社会，所以就具有一定的能量。他们与下层各界人士相呼应，无疑会扩大声势，壮大力量。

在阳泉民众、山西各界人士、海外留学生和一部分晋籍京官的联合抵制下，福公司在阳泉地区开采煤炭的希图无法实现，这使英国侵略者气急败坏。

（四）刘笃敬与福公司的两次会晤

围绕晋矿问题，山西学界与英国人的首次交锋，以李提摩太痛哭离并、敦崇礼气病身亡而告终，但斗争并未结束。气急败坏的英国侵略者变换手法，直接向山西地方当局施加压力，企图以交涉谈判的方式堵住三晋人民的悠悠之口。

光绪三十一年（1905）11 月，福公司总董哲美森带领随从，专程来到太原，和山西商务局交涉开办煤矿事宜。11 月 24 日和 27 日，福公司总董哲美森两次与山西商务局总办刘笃敬等人在文瀛湖畔的商务局交涉办矿事宜。双方就专办权问题展开唇枪舌剑、互不相让的争辩。

11 月 24 日，哲美森和山西商务局总办刘笃敬等人在商务局会谈。自恃有坚船利炮为后盾、合同章程为“依据”的哲美森以章程订明福公司有专办晋矿之权为据咄咄逼人，要求商务局立即派人封闭平定境内的民间新开煤矿。哲美森还威胁说，他已将此事告知了外务部，现在请商务局立即予以禁止，否则由此引起的一切后果将由山西地方当局自负。

面对哲美森的威逼，商务局总办刘笃敬知道，福公司在专办二字上纠缠不休，其阴谋诡计伏于不觉。偶一大意，即已坠其术中。若不及时补救则全省利权将被其尽占。遥想当年晋抚胡聘之与意商罗沙第密订卖矿之事传开后，山西商务局前任总办贾景仁因替胡抚臣卖矿奔走而为宗族所不容，其叔父、京官贾筱芸还曾倡大义灭亲之说。就连奉总理衙门之命进京与外人签署合同、章程的山西商务局代表曹中裕亦备受冷落——山西同乡均闭门不纳。前车之鉴历历在目，今日之事稍有疏忽，自己亦将步其后尘，成为有负于三晋父老的千古罪人。因此，必须慎而又慎、寸步不让，方可不辱使命。

于是，刘笃敬坚持“专办”二字仅指商务局而言，唯商务局有专办权，它并没有将此权利付与福公司。哲美森又强调原订章程第16条已讲明，先经开采之矿不得侵占。那就是说未开之矿，只有福公司可以开办，他人概不准再办。刘笃敬否定了哲美森的说法，指出这条规定的本意是为了防止福公司侵占，当地人开采自己的矿产是没有理由禁止的。同时，原订章程内也根本没有不许再开新矿的字样。

谈判一开始就陷入僵局。在僵局面前，哲美森转而对商务局进行威胁。他说，专办是原订章程内最紧要的地方，这一节必须照办，不容改变。如果商务局一定要违背原订章程，让福公司吃亏，那么，他们就要索取赔款。哲美森还威胁说，如果在太原无法议成，他就要亲返北京，禀报英国公使，查核办理。双方的第一次会晤，由于对专办问题始终争执不下，因而没有丝毫进展。

1905年11月27日，商务局与福公司进行了第二次会晤。哲美森提出暂将专办之事搁起，先让福公司购地开矿。刘笃敬以权限不议定，他事也难办理的理由，拒绝了这一要求，结果使双方的第二次会晤也毫无成效，福公司独占阳泉煤矿的企图一时无法达成。

山西大学堂旧址

（五）山西代表赴京申辩

福公司与山西商务局的会晤失败之后，哲美森便离开太原，到北京进行活动。此时，外务部接连电催山西巡抚，要他设法开导山西绅商各界，以与福公司合办煤矿了却双方争执。这显然违背山西人民废约自办的意愿。斗争显得尖锐复杂起来，在这种情势下，山西人民采取措施，一面继续向上陈述废约理由，一面公推代表赴京申辩。

光绪三十二年（1906）春，山西代表主事李廷扬和举人刘懋赏来到北京。正月初六，与外务部同福公司代总董梁洛芝进行了首次谈判。谈判由外务部侍郎唐绍仪主持。谈判的中心问题仍然是专办权问题。梁洛芝认定福公司有专办权，有禁民采矿权。山西代表指出专办是限制之词，是说除平定等五处外，福公司不得溢入它处。梁洛芝以英语解释专办，说专办就是专权，专权就是全权，商务局有全权，福公司也有全权。唐绍仪驳斥梁洛芝说，专办是

保晋园

保晋铁厂

专门办理此事，与全权大不相合。福公司本非全权而自为全权，是贪多不足。由于双方争执不下，使谈判无法进行，不了了之。

此后不久，双方又进行过一次谈判，但也毫无结果。两次谈判之后，福公司避而不露，只是加紧了在外务部的活动，企图通过外务部向山西巡抚施加压力，迫使山西绅民屈从。

光绪二十四年（1898），英商福公司从清政府手中取得山西平定、盂县、晋城、长治、临汾等地采矿权，1905 年派员到平定勘察矿苗，并要求独家办矿，封闭当地所有民办矿井，引起公愤。平定各界组织矿务公会，派代表到省城至北京与中央政权抗争，从而引发了全国各大城市及留日学生的护矿运动，并形成高潮。黄世林是运动的积极参加者，是赴北京抗争的代表之一。辛亥革命爆发，同盟会组织山西新军武装起义攻打巡抚衙门，太原各大专学校组织学生军协助，黄世林积极参加。光复后，黄世林曾在长治烟酒专卖局供职，1921 年回平定办蚕桑学校，后又任职于辽沁潞泽营务处、国民师范等处。第一次国内战争后期，山西响应北伐，黄世林出任山西省政府农工厅科长，南京国民政府内政部科长。他生性恬淡，看不惯官场的腐败与钩心斗角，自请改任内政部直辖的北京坛庙管理处主任闲职。1931 年辞职还乡，在县女子小学任教，一度筹办师范学校未成，1934 年病逝。（见《山西争矿运动史料与研究》）

1925 年保晋公司董事会合影

（六）反对同济公司企图与福公司合办的斗争

《山西争矿运动史料与研究》记载：山西争矿运动爆发初期，铁路大臣盛宣怀出于同福公司分取利权的目的，和北洋大臣袁世凯、山西巡抚张曾扬共同出资白银 30 万两，合办了同济矿务公司（同济公司）。

在筹划成立同济公司的同时，袁世凯委派山西绅士、道员董崇仁为总办，到平定一带进行活动。董崇仁来到平定，首先在正太铁路沿线购买矿地。开始，当地群众存有戒心。董崇仁一再表白，该公司为绅商自办，是专为抵制外人保全地方权利，才购买矿地的。董崇仁还多次与当地绅民交涉，表示愿立合同，双方各自保证决不把矿地私售外国人，这样才使群疑雪释，在平定缔结了购地合同，购到矿地 100 多亩。

光绪三十二年（1906），山西的争矿运动方兴未艾，山西绅民向清廷商部提出收回矿权、自己办矿的要求。但是，这一正当要求遭到了山西商务局的驳斥。驳斥说，盛宣怀设立同济公司的目的，就是预备专与福公司合办山西矿业的；同济公司只有购地权，而无开矿权。商部的这一驳斥，立即引起了山西各阶层人士的强烈反响，顷刻间，同济公司成了众矢之的。人们纷纷指出，这种名义上的合办，

实际上仍是福公司专办。山西人民要争矿自办，决不搞什么合办。平定州十七都都长向董崇仁联合声明，指斥他隐瞒真相，欺骗群众，违背原订购地办矿合同的宗旨，声明作废原订合同。山西留日学生闻讯后，也致函董崇仁，陈明利害关系，反对合办矿务。

在强大的舆论压力下，董崇仁也觉得购地合办的做法实不可行，于是请求袁世凯放弃原来打算。袁世凯、盛宣怀不得不同意撤销同济公司，由山西人民自己办矿，买办官僚导演的“合办”闹剧宣告终场。平定人民反对同济公司与福公司合办平定矿业的斗争，是山西争矿运动的一个插曲，它的胜利，

大同保晋矿务公司

有力地促进了山西人民彻底争回矿权的决心。

（七）以退为进的福公司

面对山西各界强大的压力，福公司不得不以退为进、“曲线救国”，提出了先办平定一处煤矿的要求。

清廷外务部竟以此为满足，认为福公司“由强求独办，到同意合办，直至提出舍去原订四处煤矿，先办平定一处”的要求，已是“合乎人情”了。于是对外宣称福公司开办山西煤矿已成铁案，断难挽回，现在该公司已经让步，正是解决问题的良机。如果拖延太久，就会造成福公司的亏损，以此索取赔款，必然因小失大。光绪三十二年（1906）夏，外务部与山西巡抚恩寿函电来往，十分频繁，一再催促直接发给凭单，批准福公司开办平定煤矿。慑于强大的舆论压力，恩寿不敢贸然答应。

福公司玩弄的新花招立即遭到山西全省人民的反对。在日本的中国留学生致函晋籍京官，指出福公司舍去盂县等四处煤矿，而独留平定，是因为正太铁路已经通车，而它地无路可通。福公司的这种做法，简直是把我们当作三尺儿童来欺骗！如今福公司已在平定勘定矿地 50 英里，就是一里之微，我们也不能任外人染指。我进一步，彼退一步；我退一步，彼必然要进一步。

此时若不交涉清楚，将来定会生出许多枝节。来函还指出，福公司之所以由强求专办，到同意合办，再到提出先办平定一处；外务部也由不认专办，到主张合办，再到同意先办平定一处，是山西各界人士坚持斗争的结果。只要坚持斗争，就会最终实现收矿自办。山西人民争矿自办的坚强决心，使福公司先行开办平定煤矿的希图无法实现，使屈膝于帝国主义的外务部无计可施。

山西的争矿运动相持了一年多时间，迫使福公司采取了以退为进的策略，唱出了舍潞泽诸地，只开平定一处的骗人高调。而屈膝媚外的外务部竟与福公司一唱一和，以“碍于成约”、“已成铁案”为理由，一再电催山西巡抚发给开矿凭单，这为山西的争矿运动罩上了一层阴影，使一度处于高涨时期的保矿运动跌入了低谷。

第四章

引吭高歌

“说梅止渴，稍苏奔竞之心；画饼充饥，少谢腾骧之志。”当依靠想像所制造出来的“梅”和“饼”被赋予了更多的精神寄托后，人的思维就会进入一个误区，在这个误区中，人们会将虚实混淆、善恶颠倒。列强在得到清政府和山西商务局无数次的许诺后，便在意念中构筑了得到山西矿权后的无限美好前景，这种希冀使得他们“越说越渴，越画越饿”，以至于越是得不到便越是理直气壮。

然而，如同没有痛苦的痉挛，就听不见新生儿的啼唤一样，在经过一番长时间的沉寂后，蒙昧的历史终于迎来了新世纪的晨曦——山西民众不再任其索取了。

第一节　志士勇蹈海，丹心起狂飙

“我自横刀向天笑，去留肝胆两昆仑。”戊戌六君子之一的谭嗣同在戊戌变法失败后毅然回绝了日本使馆对他的保护，并对来人说：“各国变法无不从流血而成，今日中国未闻有因变法而流血者，此国之所以不昌也。有之，请自嗣同始。”1898 年 9 月 28 日，他与其他 5 位志士英勇就义于北京宣武门外菜市口。当他们被杀时，刑场上观看者上万人。他神色不变，临终时还大声说：“有心杀贼，无力回天，死得其所，快哉快哉！”谭嗣同用他的鲜血唤醒了中国人的民族危机感，充分表现了一位爱国志士舍身报国的英雄气概。

历史有着惊人的重复，似乎只能以血为祭品才能得到上天更多的眷顾。8 年后，为保山西矿权，远在日本求学的李培仁奋笔写下绝命书，投身于东京湾八重桥下。杜鹃啼血猿哀鸣，李培仁的以死抗争，将山西人民的保矿运动再次推向了高潮。

关键词：保矿运动　李培仁　蹈海绝命书

志士蹈海——再掀保矿运动的高潮

争矿前途未卜，山西命运如何？每一位爱晋忧民之士都心急如焚、寻求争矿安邦良策。正当人们苦闷彷徨、苦苦索求之时，就读于日本法政大学的山西阳高籍留学生李培仁为此事在东京蹈海自尽，山西留日学生利用此事争取民众、扩大影响，举行追悼会，宣读《绝命书》，从而把一度处于平静状态的争矿运动，再次推向新的高潮。文瀛湖畔的争矿怒吼与洒泪饮泣之声交织于一起，不绝于耳。事实再一次证明“哀兵必胜”。

（一）“啼血杜鹃”李培仁

“不信东风唤不回”的杜鹃以其带血的啼叫，向不甘沉沦的炎黄子孙长鸣着并非危言耸听的《盛世危言》，这就是李培仁蹈海的初衷。

李培仁（1866—1906），字静斋，晚清留日学生，山西省大同市阳高县人。他幼时聪慧，性情沉稳，为人正直，光绪二十四年（1898）就读于省城令德堂书院。光绪三十年（1904）八月，李培仁被选派赴日留学，在日学习期间十分关心国家大事，立志报效祖国。据《第一晋话报》刊载，他是听到外务部电催山西巡抚批准福公司在平定开矿的消息后，悲愤交加，于 1906 年 10 月 13 日投身东京八重桥下，溺水而死的。

据《山西矿务档案》记载，李培仁死后，东京警察为其检尸，从他身上发现了一封以身殉矿的绝命书。绝命书痛骂山西巡抚胡聘之盗卖山西矿权，揭露英帝国主义经济侵略的阴谋，激励山西人民誓死收回矿权。发现这封绝命书的第二天，山西留日学生同乡会事务所又收到李培仁生前友人寄来的他的另一封绝命书。这份绝命书文长万言，叙述争矿的理由和殉矿的决心，以及最后的希望。光绪三十二年九月二十五日（1906 年 11 月 11 日）的《第一晋话报》摘要发表了这份绝命书。

李培仁的同乡孙汶霖、张缉熙及朔县李尚仁等留日学生受中国驻日公使馆嘱派与日本警视厅联系，赴青山墓地收讫李培仁手绢、皮鞋、钱包、名片、银币等随身所携遗物，并将遗体装敛封钉抬往横滨中国会馆，拟派人由海道运送回国安葬。

孙汶霖、李尚仁等携带李培仁遗物返回山西留日同乡会事务所后，同乡会会长龚秉钧等人觉得国内父老发动的争矿保晋运动方兴未艾、势如潮涌，倘若将李培仁蹈海解释为李氏为晋矿丧失“涕泣终夜，尝恨山西无人”，遂以身殉矿，借以唤起民众激励群情，其影响必将大矣。

两封激昂慷慨、感人肺腑的绝命书公布于众后，旅日学生争相传阅、舆论哗然，群情激愤！农历十月二十八日，山西同乡会设灵堂开会悼念。十一月四日，豫、陕、陇、晋四省留学生联合召开追悼会于东京神田锦辉馆。中国 18 省学生代表及章太炎等各界知名人士千余人参加悼念。庄严肃穆的灵堂挂满了挽联、悼词。龚秉钧介绍李培仁生平履历后，邵修文以慷慨、沉重、悲壮的声调宣读了由景耀月撰写的辞意激昂、哀婉的骚体祭文。与会人士一个个“涕泪沾襟，不能自抑”。众人共同决议：将绝命书、晋矿档案及争矿有关文件刊登于内地各报，以扩大影响、唤起民众、团结一致、誓死争矿，并当即决定派梁善济、景梅九、王用宾等人护送李培仁遗体回国返晋。东瀛日本响起的滚滚雷声和耀眼夺目的闪电预示着一场强大的风暴将在文瀛湖畔生成。

文瀛湖

（二）文瀛湖畔掀起狂飙

李培仁的灵柩运回太原后，山西社会各界在文瀛湖畔北楼召开了规模空前的追悼会。太原市民奔走相告前去悼祭。文瀛湖四周人山人海，秩序井然。宣读绝命书时，闻之者无不掉泪。为此，当时《晋报》曾沉痛呼吁："呜呼！山西煤铁甲于全球，将来为我国经济界上绝大利源，今外人必欲攫取，而政府必欲赠与之也，是不独山西生命财产千钧一发，凡我十八省同胞，均有利害关系。倘蒙同学诸君拨冗研究此问题，以教我山西人，则幸甚。至李君以身殉命异域，惨痛已极，谅诸君必为表同情也。"

情词哀婉的绝命书深得舆论和社会各界的共鸣。1907 年山西大学堂西斋派出的留英学生刚刚抵达伦敦，便集会抗议英国掠夺山西矿产。社会各阶层在绝命书的感召下群起争矿，就连当时的山西巡抚张人骏、恩寿等人也先后表示支持学生。由此足见绝命书之威力。

延伸阅读

李培仁（1866—1906），字静斋，晚清留日学生，山西省大同市阳高县人。出身于书香门第，家族以商为生，属当地大户人家。

光绪二十四年（1898）就读于省城令德堂书院。光绪三十年（1904）八月，被选派赴日留学，入日本东洋大学学习师范。

光绪三十一年（1905），山西争矿运动爆发，在护矿、争矿斗争中，他恨山西之无人，忧争矿之不果，对传来卖矿"碍于成约"、"已成铁案"的消息忿恨不平。悲愤交加的李培仁为激励人们的斗志，愤笔写下绝命书，决心以死抗争。光绪三十二年（1906）10 月 13 日，李培仁投身于东京湾八重桥下，溺水身亡。遗物中发现的殉矿促命书和万言绝命书，又把一度处于平静状态的山西争矿运动推向了新的高潮。

光绪三十二年（1906），清政府送给李培仁家属"烈士"大匾。宣统元年（1909），保晋公司送给李家"山西商办全省保晋矿务有限总公司红股摺"1 000 股，以示抚恤家人，并将其子李瀛保送保定军官学校深造。

1906 年 11 月 11 日,《第一晋话报》摘要发表了山西旅日学生以李培仁名义撰写的文笔犀利、直抒胸臆“意在激发国人,坚前途争矿之志”的绝命书。当时，读者莫不为之悚然动容、潸然感泣、肝肠寸断、钦佩莫名。及至一百年后的今天，作为珍贵的文献资料阅读依然令人回肠荡气，壮怀激烈，澎湃的心潮难以平静。

绝命书一开始便饱蘸激情开宗明义地写道:“呜呼！我最亲爱之父老兄弟，我最敬佩之青年志士，我将与世别矣！我魂已逝而心尚未冷也，我目未瞑而口尚欲言也。我非甘死好死，我实不忍见彼紫髯绿睛之辈之坏我利权，制我死命也；我实不忍见以矿为生之同胞顿失生计，困苦颠连而转死沟壑也；我实不忍见无矿无路之同胞,脂膏既枯,体魄自殒,相率而至于无噍类之惨状也！……某西人谓中国矿产甲五洲，山西煤铁甲天下。我同胞何幸生于斯族于斯，拥此铁城煤海之富，乃以糊涂之总理衙门，媚外山西巡抚，于光绪二十四年，

山西商民的保矿运动

私立合同，送福公司。此约一成，则为我二千万同胞买下予约死券矣！……此时内外人心汹汹，废约二字众口一词。若政府稍具天良，知民言可畏，民气难抑，矿产乃其生命，夫亦何难致辞？况当日擦印者罗沙第，今日出头者哲美森，拒民自开，有背原约，强辞独办，妄解条文。若政府能责问彼不遵合同，易如反掌。而在晋抚，尤易为力。因彼未受抚院许可，竟来购地，不问地方情形，禁封民矿。设晋抚据理直驳，士民合力抗拒，虽有虎狼，食之不得下咽矣。至于京官，父母之邦，肌肤之痛，应不如政府疆使之秦越相视也。当如何抗辩朝廷，联络学界，同舟共济，死力相争。人非木石，孰忍令先人陵寝之地沦于异族乎？果如斯也，某虽志弱，亦愿执再生旗而贺于同胞之后矣！何苦以鱼腹之葬，予人以匹夫之诮哉！况奄奄者老亲八秩，呱呱者弱息三龄，不孝不慈，罪深海天，设身处地，某岂甘死哉？乃此心实有迫之不到一息存者，则以政府卖我矿产之惨且毒也！”

针对某老大“碍于成约”、某尚书“已成铁案”，以及外务部官员鼓吹专办、合办、先办平定一处的谬论，绝命书无情洞穿了其中的秘密：“专办、合办、部分办，不允则不近情理者，乃政府诸公不知受几许贿赂，不如此则无颜以对外人，故不惮蒙洋奴汉奸之羞，而必欲亡我矿产以实其秘密也。……洋贿潜行，狼狈为奸，大错一铸，驷马莫追。在总理衙门，即欲受金卖矿，苟晋抚得人尚可掣其肘，奈何有其政府，即有其督抚，通同作弊，而至于如此其极也！”

绝命书对出卖矿权的清政府进行严厉警告并宣称：“政府如放弃保护责任，晋人即可停止纳税义务。约一日不废，税一日不纳。万众一心，我晋人应有之权利也。如和平手段不足，则继以破裂，太行义士，顾无继荆卿遗风，怀匕首而愤起者乎？此某之素志也。今已矣，罪莫大焉！虽然后生可畏，来祸方殷，人心未死，谁不如我？凡诸矿贼，吾知其必有断头裂体之一日也！”

绝命书不仅以火辣辣的语言无情揭露、猛烈抨击了腐败懦弱、丧权辱国的清政府和图饱私囊、盗卖晋矿的贪官污吏，而且情真意切地大声疾呼、鼓动三晋父老共诛矿贼奋起争矿，扶大厦之将倾、挽晋矿于危殆。书中写道：

“某且垂泪裂眦更为我父老兄弟进一言曰：矿产者，命脉也。政府官吏既实行亡我矿产，则命脉断，而我同胞有必死之势。彼令我死，我岂甘让彼生？与其坐以待死，毋宁先发制人！遇卖矿民贼，当破其脑，爆其身，以代天罚而快人心。炸弹乎，匕首乎，我同胞能各手一具，则矿贼虽然多，不值一灭矣。某不幸以衰老多病之身，有志未逮，望我可敬可畏之青年志士，为同胞解此问题也。噫！自古谁无死？某愿殉身以为我义侠同胞倡，我同胞虽讥为疯癫，轻为鸿毛，亦所不辞！我非愿同胞之学我死也。唯愿率敢死之气，抱决死之心，出而卖矿者激战，死中求生，枯海可翻，某死有余幸矣。况此役一溃，晋人得免于死者几何？与其石烂海枯，终归一死，徒于长城窟黄河堤增一枯骨腐尸而已。宁若死于矿产问题未解决以前，果天未亡晋，必有感愤而起，前仆后继，杀身以卫矿者矣！嗟呼！碧海可填，宇宙可塞，矿贼之仇，不共戴天也！……愿诸君咬定牙根，坚持到底，始终不渝抗争之宗旨，而腹有民气侠风之后劲，彼矿贼胆虽如斗，心亦成灰，则某虽死，亦当与诸鬼雄伏剑而为诸君臂助。

东洋学界，内地学会，固某所注目者也。废约问题，海外一唱，百垣大应，飞电告急，联名力抗，福公司望风逃溃，当道者亦未敢抑制，晋民气振作之起点也。……某今当与诸君永别，请立一誓：有制吾命者，吾亦毙其命；有绝吾生者，吾亦杀其生！山西人未全死，决不令外族役我尺寸土！记之，记之，勿忘某所言。……某恨未手毙巨奸，唯有一死请罪同胞！而此后存亡得失之责任，则诸君负之。言至此，魂飞气绝，欲语无声，欲泣无泪矣！窗外儿哭，壁间暗语，一似祖宗灵爽以某死为然而深恐其不早者。呜呼！某死矣，某甚不愿以死留矿亡纪念也！人之将死，其言也善，善不善，同胞其加察焉！矿权失，而晋人生命绝。不幸某言而中也，身虽死目不瞑矣！……”

根极公理、微言大义、振聋发聩的绝命书以通俗晓畅、痛快淋漓的笔墨尽情宣泄了忧晋保矿的炽烈情感。目睹其字、耳闻其语，每一位爱国之士、热血男儿宛如触电一般，罔不面赤耳热、心跳肺张，

日本　八重桥　李培仁蹈海之地

作拔剑砍地、奋身入海之状，以至悲声匝地、奕奕欲生之三晋火线相连、一触即发，霜寒月白、“鸡犬”夜惊。

大鼓救晋之气、高擎争矿大旗的绝命书石破天惊、振聋发聩，成为晋矿起死回生之灵药，返魄还魂之宝方。特别是“山西人未全死，决不令外族役我尺寸土”的名言更是脍炙人口，影响巨大。在其感召下，山西各阶层合心力于一响，冲破种种传统思想的束缚纷纷跃入保矿大潮。三晋大地譬犹地雷四伏、药线交通，一处点火、四面皆应。此后，山西各界决定向北京外务部交涉，要求收回矿权由本省筹款自办。1906 年 2 月至 3 月间，山西各界公推举人刘懋赏等为代表赴京向外务部交涉，力争收回矿权。

第二节 代价沉重的胜利之歌

山西绅民的威力吓得那些色厉内荏、外强中干的盗矿贼一夜数惊、惶惶不可终日，不得不另做打算。报界透露说："闻福公司日夜准备，有事即遁之势。"

关键词：赎矿条约 自办矿务 保晋公司成立

一、黔驴技穷的福公司

怕民不怕官的福公司面对山西人民的保矿怒潮束手无策，只得急电英国驻华使馆，蔑称太原府有人结党，专与福公司为难，要求英国政府向清廷施加压力，迫使清朝外务部电饬山西巡抚加以保护。驻太原的英国传教士亦惊慌失措地致函英国驻天津总领事说："该处民人倘被学生引诱，必致肇兴大乱，于本省侨寓各国士庶及奉教华民大有危险，其乱必致血流漂杵，方能底定。教士剖心相告，惟愿贵总领事视为分所应为。"英国公使朱尔典、使馆参赞甘伯乐时而照会、时而会晤清朝外务部，要求保护福公司在阳泉勘矿的矿师以及在晋侨民。

福公司黔驴技穷，只能通过该国的驻华大使，加紧威胁清朝政府。从光绪三十二年秋到次年春（1906—1907），接二连三地向外务部索取平定开矿凭单，并且声言，若不答应，就要按照本国政府训条，从光绪三十三年（1907年1月1日）起，每日索取偿金200英镑，而且这个数目还是暂时的，一过若干日，便要继续增加。

受到恫吓的清廷外务部于是频繁催促山西巡抚，说福公司之所以答应在原订5处矿区内先开平定1处，是因为外务部再三磋商。现在磋商已到尽头，章程俱在，没有不认之理。如果仍以空话搪塞，福公司就会新生枝节，有损两国关系。只有按照福公司已绘地图，发给凭单，准其开矿，才是解决这一问题的最好办法。

 二、成立保晋公司

早在李培仁事件发生后，一些素有威望的老者就认为除非自办矿务，不能挽回危局，而时间一拖，就可能节外生枝，造成更大损失。于是，早已认清清政府本质的山西绅民不顾福公司和清政府的威胁，积极组织保晋公司。

光绪三十三年（1907）三月，在刘懋赏、冯济川等绅学各界代表的联名禀请下，经晋籍京官赵国良等呈请农工商部奏准立案，正式成立了旨在开发矿产抵御福公司经济侵略的保晋公司，并推举祁县著名票号商人渠本翘为总经理。保晋公司开办之初，共领亩捐银 20 万两，作为开办之资。

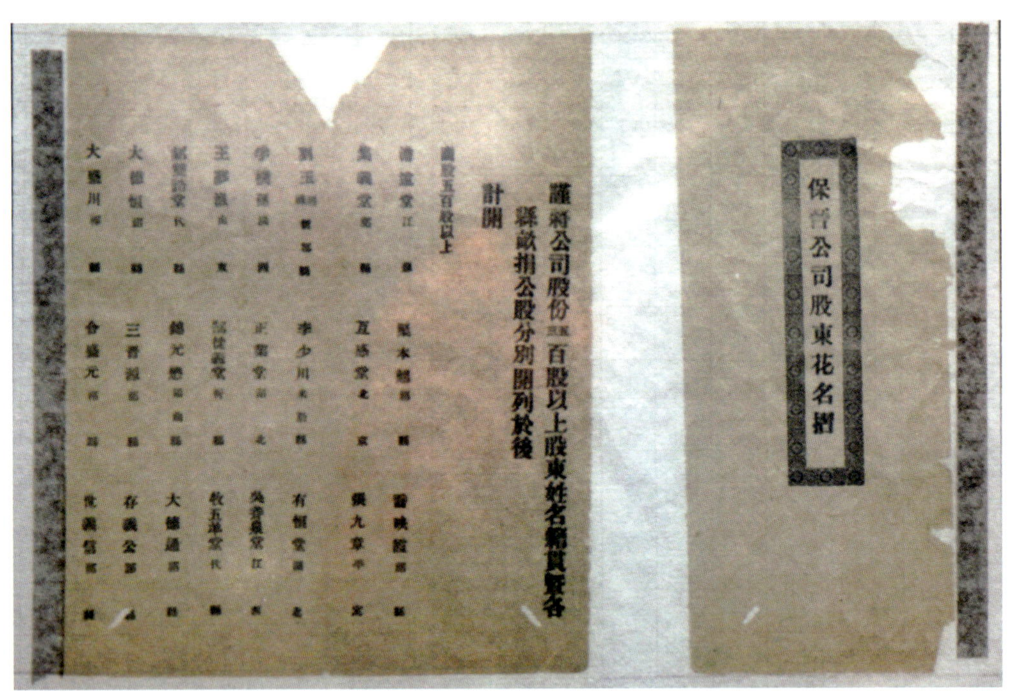

保晋公司股東花名摺

謹將公司股份五百股以上股東姓名籍貫暨各
[illegible]畝捐公股分別開列於後

計開

◇《保晋公司股东花名折》

三、赎矿条约的签订和争矿运动的结束

保晋公司的成立，使福公司深感封闭矿区民众已开之矿，不准他人再开的企图已经流产，如果仍然坚持强行开采晋矿，前途吉凶实难预料。倘若“酿成巨衅”将会重演庚子年刀光剑影杀洋灭教的血案。于是，福公司调整战略，

另做打算，将赤裸裸地掠夺改为金钱讹诈，千方百计想在赎款上大捞一把。而另一方面，领导山西争矿运动的资产阶级已经滋长了厌战情绪，打算尽快收场，就放弃了原来废约自办的要求，同意赎矿自办。

此后中英双方函电交涉，人员往返，历经多次谈判。1908 年 1 月 20 日福公司与清政府在北京签订了《赎回开矿制铁转运合同》12 条。《今日中国实业通志》上记载，合同主要内容是：山西商民集资 275 万两白银“赎”回福公司攫取的矿权。合同还规定此项“赎款”需在 1908 年 2 月 21 日前先交付一半，余款分三期交清。此时的山西争矿运动已近尾声，且取得决定性胜利，但 275 万两赎矿巨款尚无着落。倘若逾期恐生枝节，社会各界甚为关注。正值此际，出身于票号世家、曾留学日本、兴办山西第一个民族工业——双福火柴公司、担任保晋公司第一任总经理的渠本翘挺身而出，召集晋省票号经理人磋商，动员各号鼎力资助，垫款支援。各票商异口同声，积极赞助，愿借白银一百万两以凑足赎矿之款。交款之日，不甘心失败的福公司从中作梗，暗地与有来往的银行勾结，收集在外之款，以困票庄。而票庄当日竟不动声色，不爽时刻，纯然以彼外国银行所周转之票相交付。外商见状，目瞪口呆、惊讶不已。至此，历时三年，声势浩大、晋抚频繁更迭、付出巨大经济代价的争矿保晋运动宣告结束。这样，山西丧失的矿权终于收回来了。这是山西各阶层人民十余年反对帝国主义经济侵略，保卫山西权利取得的一个重大胜利。

四、保矿运动胜利的意义

从 1898 年到 1908 年，山西人民展开了轰轰烈烈的反帝保矿运动，是山西人民在反帝爱国历史上可歌可泣的光荣一页。虽然这次的争矿运动使得山西人民在经济上付出了巨大的代价，具有一定的软弱性、妥协性，但保矿运动及其胜利，在山西乃至中国近代史上都具有重大意义，为我国近代历史谱写了一曲捍卫民族尊严、保护矿业主权的爱国主义壮歌。

第一，揭开了全国保卫路矿运动的序幕。

围绕保矿运动在全省范围内开展了一场史无前例的反帝爱国教育和发动

工作。全省各阶层人民群众组成了空前的统一联盟，这为以后山西人民开展反帝斗争奠定了良好基础，并揭开了全国保卫路矿运动的序幕。在其影响下，各省相继展开赎矿保路运动，且声势浩大，影响深远，收到了较好效果。

第二，以保矿运动为契机，形成了山西近代史上第一次投资兴办实业的高潮。

在保矿运动过程中，山西刚刚诞生的民族资产阶级第一次登上了政治舞台，许多有识之士如渠本翘、刘笃敬等都参加了保矿运动。通过斗争他们都深深认识到，只有自己兴办矿业，才能保证矿权不再沦入帝国主义手中。在他们的倡导下，山西近代史上最大的一家民族资本主义工业——保晋矿务公司诞生了。它的诞生，极大地刺激了山西民族工业，尤其是采煤业的发展。自此以后，资产阶级的民族工业如雨后春笋在三晋大地上发展起来。但是，由于民族资产阶级的妥协性和软弱性，这次运动未能坚持无条件废约，而是付出巨额赎款后才收回矿权，表现出民族资产阶级革命的不彻底性。

第三，夺回矿权，捍卫了国家的主权与民族团结。

欧洲的法典上讲到，国家有完全的独立必须具备人民、土地、主权三要素，三者缺一不可，而主权是维系人民与土地的钥匙。山西的保矿运动，至今已一百多年了。但历史是要铭记的，它是祖辈用自己的生命谱写的珍贵遗产。山西保矿运动的胜利给全国收回矿权的运动以极大的鼓励，它在全国范围内蓬勃开展的收回矿权运动中占有极其重要的地位。

《大公报》言："晋矿一失，如失土地，然土地一失，人民何安？保晋矿正所以保土地，即所以保人民，岂仅保晋省已哉？实所保全局也！"山西保矿运动的胜利不仅仅是山西地区自己的胜利，也是全国人民尊严之争，更是国家领土主权之争。

保矿运动也是一次晋民保护山西煤矿产权的运动，废约自办的呼声正是山西人民与英帝国主义抗争以夺回煤矿产权的斗争。英福公司多次以"专办即是独办"的荒谬解释为焦点同清政府交涉，就是因为他们想要得到山西煤矿的产权以达到控制山西煤炭资源从而牟取暴利的目的。因而，保矿运动的胜利又是近代山西煤矿产权保护运动的胜利，正是它的胜利才得以使山西的矿产权利收归国有，并为山西采煤业的近代化提供了有利的条件。现在，山西煤矿在支援国家建设方面发挥着重要的作用，如若没有保矿运动的胜利，失去了山西煤矿所有权的山西，其资源可能早已被帝国主义瓜分殆尽了。

山西保护并最终夺回矿权的运动，揭露了帝国主义的侵略行径，赶走了福公司，粉碎了英帝国主义掠夺山西煤炭资源的阴谋，夺回了被帝国主义掠夺的矿权，伸张了我国人民维护国家主权的正义要求，保住了山西的煤炭资源，给帝国主义以坚决的回击。同时，也从旁打击了其他帝国主义国家掠夺中国的嚣张气焰，成为中国人民反帝反封建的重要组成部分。一百多年来，“保矿爱国”精神时时刻刻激励着一代又一代的山西儿女。

第四，积极推动了山西民族资本采矿业的产生及转型。

保矿运动的胜利，为山西民族资本采煤业的兴起创造了便利的条件，使山西地区民族资本经营的煤矿获得了生存和喘息的机会。尤其是保晋公司的创办，揭开了山西近代民族资本机器采煤业的序幕，在近代民族工业史上写下了光辉的篇章。保晋公司是山西近代史上开发较早、规模较大的民营企业，也是山西煤炭业第一个真正意义上的民族资本主义企业，它的实权掌握在民族资产阶级手中。保晋公司初创于赎矿谈判之中，正式运作则到了矿权赎回之后。保晋公司在资金匮乏、极度困难的情况下，力

延伸阅读

山西保晋公司原定一方面由晋省各县钱粮亩捐作公股；另一方面由民族资产阶级筹募股金。创办资金为白银280万两，由地方官僚、士绅筹措入股，并用募捐形式向各县筹集，大县30 000万两，中县15 000万两，小县12 000万两，已具备现代股份公司的雏形。《晋阳公报》说：“保晋矿务公司成立，入股者甚形拥挤，直到如今，入股者仍络绎不绝。”从中可看出保晋公司从民间吸收了大量资金，用以赎矿、办矿，同时也可看出保晋公司筹集资金的方式已具备了现代股份公司的特征，这也正是山西矿业向近代化转型的标志之一。

1920年保晋公司第一矿厂

主引进器械化采煤技术以及设备，开山西机器采煤之先河，极大地提高了煤炭产量。到1911年，其煤炭产量达到了133 261吨。保晋公司开办初期，在提升、运输、通风、排水等生产环节都安排了机器，出现了以蒸汽动力为主的机器煤矿，自此，山西煤炭开采步入了新时期。

此次运动，唤起了山西民众，促进了山西知识分子的成长。在保矿运动中，山西学界觉醒，积极游行、罢课，坚决要求废除条约；留日学生积极活动，办报宣传革命思想，为山西争矿运动呐喊，宣传爱国救矿主张。这些都是山西社会近代化的重要标志，也是山西近代新型知识分子出现的一个标志，他们成为推动社会近代化的中坚力量，积极推动着山西产业向近代化的转型。

第五，首开全国争矿先声的山西保矿运动团结了山西各阶层人士，波澜壮阔、如火如荼，为中国近代工业史增添了光彩夺目的一页。

保矿运动中，在英帝国主义势力强行侵犯中国利权的情形之下，民族矛盾上升为主要矛盾，山西绅商学民各个阶层实现了空前的团结，一致对外，彰显了山西人民夺回矿权的意志。山西士绅、商人积极参加，部分晋籍京官联合抵制，就连当时的巡抚也在舆论的压力下，表示支持人民的运动。在同福公司的谈判过程中，山西官员的坚持不妥协也在一定程度上支持和保护了矿权运动，致使福公司独占阳泉矿产资源的目的一时无法达成，从某种意义上来说促成了保矿运动的最终胜利。在以专办权为焦点的谈判中，华人云："专办者专办此事，非全也，福公司无禁止民人开采之理。不能禁止，即非专权；决不能如洋文合同所云也，吾不能不以汉文为凭。"保矿运动的胜利进一步证明了民族团结的巨大力量。

在其影响下，保矿烈火愈烧愈旺，辐射九州。辽、鲁、皖、川、滇、鄂等省人民群起效仿、威武不屈、保矿自救、卓有建树。截至 1911 年，相继从"虎口"中夺回奉天锦西暖池塘煤矿、山东峄县华德中兴公司煤矿、华德矿务贸易公司、安徽铜官山中英企业公司、四川江北厅煤矿、云南七府隆兴公司锡矿和湖北阳新万顺公司炭山湾煤矿等，并发展成为辛亥革命前夜南北呼应、东西"联袂"、各阶层参加的燎原烈火。

了解中国近代史的人大概都有这种印象，辛亥革命党人的活动范围主要分布在华南及长江中下游地区，而广大的北方地区，或是由于紧靠政治统治中心，或是由于经济闭塞、文化落后，革命党人很难在这里开展活动。但山西却很例外，1911 年 10 月 28 日便响应武昌革命党人的行动，发动起义，与武昌起义仅仅间隔 19 天，成为较早响应辛亥革命的省份之一，是中国北方地区的一个政治亮点，也是辛亥革命的预演。

延伸阅读

辛亥革命发生于中国农历辛亥年（清宣统三年），即公元 1911 年至 1912 年初，清政府出卖铁路修筑权，激起中国人民的反抗，四川等地爆发保路运动，是旨在推翻清朝专制帝制王朝、建立共和政体的全国性革命。因为 1911 年为旧历辛亥年，故称"辛亥革命"。作为民主革命，辛亥革命成功推翻了清朝的统治，结束了中国的帝制，开启了民主共和新纪元，使共和观念深入社会中上层人士思想中。它的成功也对中国国内的民族关系及同时期亚洲其他国家的民族解放运动产生了重要影响。辛亥革命前后的一系列事件不仅结束了此前立宪派实行君主立宪的努力，而且对此后中国宪政与法治发展，中央及地方政治，中央与地方关系等都起到了关键的作用。

保晋公司在阳泉保晋巷的办公旧址。

另外，保矿运动也有不彻底的方面。

山西保矿运动的胜利是以山西人民付出巨大经济利益为代价的，赎回合同的签订，意味着山西人民用沉重的经济负担换回了本来就属于自己的矿权，因此这种胜利是有限的。在半殖民地半封建的中国，国家贫弱，主权丧失，民族资本主义畸形发展，要想取得真正意义上的胜利是不可能的。同时，由于领导保矿运动的绅商具有中国民族资产阶级与生俱来的软弱性和妥协性，他们既可以为自身的利益参加斗争，又可以随时在中外反动势力的威胁下妥协屈服，这也从另一个方面导致了争矿运动胜利的不彻底性。在1898年签订的章程中，英国福公司有对商务局承担1 000万元的义务，但是十年期间分文未出，而在十年里，福公司也并未在山西开过一处煤矿。可是，在签订赎矿合同的时候，福公司利用清政府官僚阶层的腐朽软弱与绅商们的阶级局限性，趁机勒索了巨额的赎金。正如《晋矿魂》的喟叹："日本各报忽传晋矿谈判着落，令晋人二百七十五万金赎归云，呜呼晋矿！如果斯结局，可谓山西大辱矣，亦中国之大辱也！试思想，我晋人果有为彼福公司出此巨额赎金之理由乎，依然强权之结果而已，虽然吾不曰外人之手段强硬，而曰外部外交之无能噫。"

第三节 保晋涌现

斗转星移，春秋几度。回顾百年前的历史，山西争矿运动的胜利使得山西地区民族资本经营的煤矿获得了缓慢发展的条件，并结束了保定煤矿的“英商时期”，开始了民族资本主义经营时期。在众多民族资本建立的公司中，保晋公司作为山西最大的民族企业，引领时代之先锋，被称为“保晋时期”。

保晋公司从 1907 年成立，到 1937 年日本帝国主义入侵歇业，前后经营了 30 年。它的 30 年发展大致可分为四个阶段，即创办阶段、扩展阶段、呆滞阶段和危机阶段。

关键词：创办阶段　发展阶段　公司发祥地　代表人物

一、创办阶段——惨淡经营中的坚持

作为山西赎矿运动的产物，保晋公司的全称是“山西商办全省保晋矿物有限总公司”。保晋公司的安全管理、技术管理以及人事管理等方面在当时是比较先进的，管理制度具有资本主义企业的性质。保晋公司是一家集股公司，已具备现代股份公司的雏形。它的成立，揭开了山西近代大规模兴办采煤业的开端。

18 世纪以后，中国城市手工业日趋发达，商业资本渐趋集中，其活动范围也不断扩大，这就给封建经济的解体和资本主义生产关系的发生提供了条件。随着封建社会内部经济结构的部分破坏及外国资本主义的影响和刺激，在 19 世纪下半叶，即中英鸦片战争以后，中国民族资本呈现出投资新式工业的强烈热忱和愿望，规模较大的近代工业开始陆续出现，中国新兴的民族资本主义有了初步的发展。山西近代工业的发展虽然落后于得洋务运动之益的沿海地区，但在 19 世纪末 20 世纪初，也呈现出渐次增长之势。由封建地主、商人、票号商转化成的民族资本家，纷纷投资于近代工业，使山西的民族工业有了较大发展，特别是 1907 年随着反帝爱国争矿运动的胜利和矿权的收回，更激发了山西民族资本投资采矿业的热情，山西近代工业中第一个较大规模

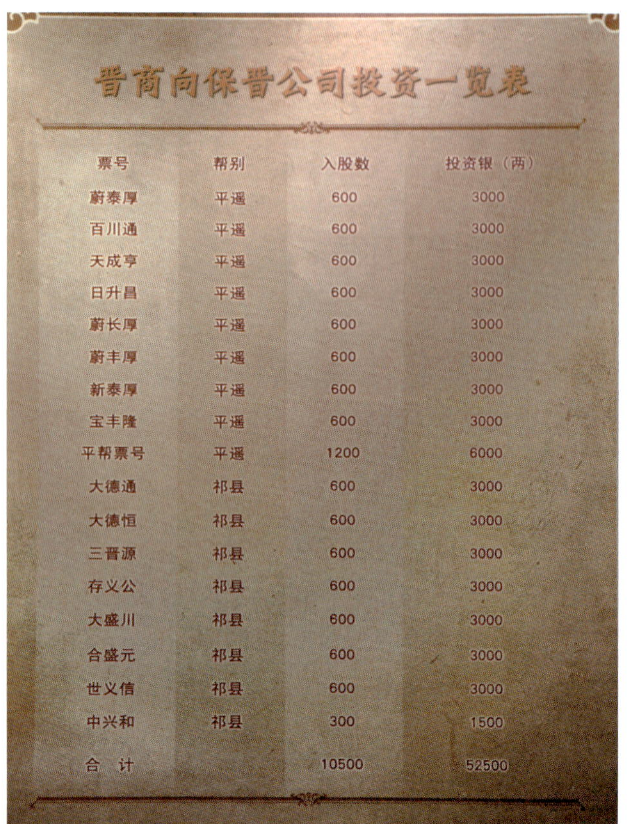

晋商向保晋公司投资一览表

票号	帮别	入股数	投资银（两）
蔚泰厚	平遥	600	3000
百川通	平遥	600	3000
天成亨	平遥	600	3000
日升昌	平遥	600	3000
蔚长厚	平遥	600	3000
蔚丰厚	平遥	600	3000
新泰厚	平遥	600	3000
宝丰隆	平遥	600	3000
平帮票号	平遥	1200	6000
大德通	祁县	600	3000
大德恒	祁县	600	3000
三晋源	祁县	600	3000
存义公	祁县	600	3000
大盛川	祁县	600	3000
合盛元	祁县	600	3000
世义信	祁县	600	3000
中兴和	祁县	300	1500
合　计		10500	52500

《晋商向保晋公司投资一览表》

的煤炭企业——保晋矿务公司应运而生。

保晋公司正式创建于 1907 年，公司总部设在太原市海子边。保晋公司的第一任经理是山西著名票号商人渠本翘，王用霖为协理，即副经理。保晋公司的成立，揭开了山西近代大规模兴办采煤业的开端。

保晋公司是一家集股公司，据 1914 年统计，已集股 193 万两，其中商股 34 万余股，公股 1 万股，外省股 3.6 万股。在商贾中，晋中票号入股者 16 家，共入股 10 500 股，计银 52 500 两。公司在光绪三十三年（1907）投产，产煤 2 215 吨，

延伸阅读

保晋公司的公司总部设在太原市海子边，并在平定、晋城、大同、寿阳、天津、北京、保定、石家庄等地设立了分公司或分销处。其中，平定、寿阳、大同、晋城等分公司经营采煤兼运销业务，其余北京、天津、保定、石家庄等分公司只经营运销业务。

1908 年增至 5 572 吨，宣统元年（1909）增至 26 810 吨，1910 年又在上年基础上翻了两番，达 55 233 吨，到 1911 年越过 10 万吨线，达到 133 261 吨。

从 1907 年到 1916 年的 10 年时间，为保晋公司的创办阶段。开办之初，保晋公司用山西省两次拨发的地亩捐 20 万两白银在平定、阳泉附近收买土窑 50 余座，并接受了同济和固本两个分公司。在寿阳接受了寿荣公司，在晋城接受了晋益公司。至此，所拨资金将尽，各项建设无力进展，而赎矿欠款归期又到，故保晋公司一开始就遭到厄运的挑战。

根据 1907 年与福公司签订的赎矿合同，赎款须在 1911 年还清。为了预防夜长梦多，别生枝节，渠本翘以赎矿合同中写明的山西亩捐作抵押，亲自出面向各票号商借款，且不爽时刻将一半赎矿款偿还完毕。为了维持生存，保晋公司在官方的协助下，进行了为期 7 年的募股活动，但只募集到股银 192 万余两，合银元 286 余万元。辛亥革命后，山西亩捐挪充军费，归还票商已无指望，渠本翘只好从所集股银中拿出 117 万余两，合银元 160 余万元，偿还了向票商所借之款。保晋公司就是用这种拆东墙补西墙的办法勉强维持生存。

初期，保晋公司召开股东会，设置了董事局，建立了总公司、分公司以及各矿厂的组织机构，还制定了一些章程和规则。

建筑近代矿井和对原有矿井进行改造，是保晋公司初期着手进行的基本建设工作。公司聘请外国矿师首先设计了燕子沟东竖井。但是，由于在开凿过程中遇到流沙层，不得不更换井口位置重新开凿。重开之后，又遇到瓦斯，外国矿师束手无策，辞职而去，使该井竣工期拖延 10 余年。在建设燕子沟新矿井的同时，保晋公司还先后开凿和改造了铁炉沟、简子沟、贾地沟、先生沟、庄庄沟、段家背沟和汉河沟等一些中、小型矿井。

由于资金严重不足，铁路运费奇昂，正太路以北各矿厂都不与铁路接轨，短途搬运仅靠人力、畜力，开支较大，采煤方法落后，手工掘煤凿壕，效率低下，使公司初期的发展非常艰难。

面对厄运的挑战，渠本翘对保晋公司的发展失去了信心，坚决要求辞职。渠本翘辞职后，仅担任名誉总经理，由刘笃敬担任第二任经理。刘笃敬虽然竭力维持，但处于风雨飘摇中的保晋公司，败局难挽，于是他也不得不以年老体衰为由，请求辞职。

在创办阶段的10年里，保晋公司经营亏损十分惊人。

二、扩展阶段——昙花一现的繁荣

1914年，欧洲阴霾密布，大战不休。各国列强忙于战争无暇顾及对华商品侵略，极不情愿地让渡出部分市场。

从1917年到1924年的8年时间，为保晋公司的扩展阶段，也是其短暂繁荣的时期。从国际形势来看，1914年爆发了第一次世界大战，各帝国主义忙于火并，暂时放松了对中国的经济侵略。这就为中国民族工业的短暂繁荣，在客观上制造了一个机会。

保晋公司第二任经理刘笃敬辞职之后，董事会选举曾经担任过阎锡山省政务厅长的崔廷献为第三任经理，选举纪纲为协理，聘用王骧为总稽核，组成了新的领导机构。

崔廷献接任之后，为了便于加强对重点煤矿基地的领导，将总公司由太原海子边迁至阳泉火车站附近，并把平定公司所辖各矿厂收归总公司直接管理。崔廷献还利用自己的权势，整顿机构，调整人员，改革经济核算单位，清理官府欠款，请准核减铁路运费，并重点做好改造和扩建重点矿井，以及寻找销路等方面的工作。

扩展阶段总的情况是建井工程进展顺利，煤炭销路畅通，经济效益显著，到1924年，除将公司创办以来所有亏损全数补清外，尚有富余。

崔廷献出任保晋公司总经理后，为扭转濒于崩溃的危局，也推出过一系列重大的举措。

首先，他通过多种渠道，向政府清算亩捐，索要回了由保晋公司垫付的赎矿款项，崔廷献用这笔款项，添购机器、开办工程、增加产量，强化实力。

其次，崔廷献在他出任的第二个月，1916年8月，就将保晋公司总部从太原海子边搬迁到阳泉，以期就近统摄，遂以阳泉总部为中心，直接统帅阳泉各矿，他起用寿阳老乡王骧为总稽核兼阳泉二矿矿长。在二矿，王骧与同事商定，首先采取电泡照明。这样的照明方式既安全又明亮，有效地提高了产量。在崔廷献的主持下，阳泉近代矿业进入了扩充时期。

第三，崔廷献与正太路订立奖励远销运煤减价的办法，向交通部请准核减京汉铁路运价，竭力推广销路。随着销路的拓展和外销煤的增加，有力地推动了阳泉各矿的迅速发展。

常旭春（1923年选为保晋公司总经理）

第四，1917 年，崔廷献主持改革公司机构，将公司机构明明白白地分为：采煤、制铁、营业三个部分。这样，就把制铁和营业摆在了与采煤同等重要的位置上。这一变革，对于发展制铁业是十分有利的。崔廷献亲自派员调查平、盂铁矿，并于 1917 年，投资 70 万，创办阳泉“保晋铁厂”（阳钢前身），这是山西第一所近代制铁厂。崔廷献还为该厂书写了厂名牌匾，至今犹存。任命赵铁卿为“保晋铁厂”的首任厂长，赵铁卿曾三次东渡日本购置炼铁炉，1926 年 8 月 1 日，炼出第一炉铁，约三吨。之后又于 1929 年、1932 年、1934 年、1936 年，分别进行了四次大修，日产生铁量达到 35 吨，成为山西省最早采用近代科技制铁的基地。（见《山西保晋矿务公司特刊》第一章）

崔廷献（1916 年任保晋公司总理，保晋铁厂奠基人）

在崔廷献当权时期，由于一系列措施比较成功，再加上当时国际形势方面的有利因素，使保晋公司的煤炭畅销华北，远销香港、日本和美国。阳泉无烟煤也因此而名声大振，誉满中外。

延伸阅读

崔廷献（1875—1942），山西寿阳人，光绪二十七年（1901）进士，后留学日本，曾经被推为争矿运动的代表。

1920 年保晋公司阳泉铁厂的汽机及发电机

1920 年保晋公司阳泉铁厂锅炉房

在这段时间里，保晋公司还收买和出资合办了一些小煤窑。收买的煤窑主要有王家沟的聚无窑，石圪叠的聚兴窑和富华窑，虎尾沟的马头窑和李家沟煤矿等。合资经营的煤窑主要有保晋中采煤公司、富昌煤矿公司、平记煤矿和保生煤矿等。

保晋铁厂是保晋公司打造的山西近代工业的又一个亮点。保晋铁厂与汉阳铁厂、本溪铁厂同为中国最早采用近代技术冶铁的三大基地之一。1917 年 11 月，保晋公司召开股东会议决定筹建保晋铁厂，1918 年 6 月在平潭垴村东的桃河北岸圈地落成。保晋铁厂选用设备以进口为主，从日本以 30 万银元购回 58 立方米高炉的全套设备，包括 3 座由氏热风炉、3 台立式锅炉、1 台 30 马力送风机和全部安装所需的高铝耐火砖。保晋铁厂还以高薪从日本招聘了 3 名高炉炼铁的熟练工加盟。1926 年 8 月 1 日，保晋铁厂炼出了第一炉生铁。1929 年，保晋铁厂产量突破 5 000 吨大关。1932 年扩大了翻砂工作厂，增设了化铁炉、砂心房、烤芯窑，专门铸造各式铁管、器皿等。1936 年投资动工兴建第二座高炉，当年购回 250 马力的汽风机一台。1937 年，保晋铁厂的主要机械设施有 20 吨熔矿炉 1 座，30 吨熔炉基础 1 座，浦德林热风炉 4 部，烧窑 6 座；旋床、刨床、钻床等共 30 余台件；75 千瓦、60 千瓦、28 千瓦、3.6 千瓦发电机各 1 部；100 马力、150 马力锅炉各 1 台。保晋铁厂已发展成为一个集冶铁、铸造、机械维修为一体的中型钢铁企业。

 三、平定——山西近代矿业的发祥地

平定（阳泉），是山西近代矿业的发祥地，也是山西近代矿史重点。在山西的众多地区中，阳泉之所以如此重要，不仅是其有丰富的煤炭资源，也与其人杰地灵，有着深厚的历史文化底蕴有很大关系。

（一）保矿运动中的代表人物

据《山西近代矿史研究》记载，保矿运动实际是从1898年5月21日山西商务局与英国福公司议定的《山西开矿制铁及转运各色矿产章程》20条开始的。20条把矛头直指平定、盂县、泽州、平阳府等地。而且第一步踏上平定、盂县即阳泉的土地，阳泉首受其害。阳泉自然成了保矿运动的前沿阵地。直到1908年1月21日，英国福公司被迫与山西商务局签订了《赎回山西盂县、平定州、潞安、泽州与平阳府开矿制铁转运正续各章程之合同》12条为止，共计10年。

在保矿斗争的整整10个年头中，保矿斗争的高潮持续了3年之久。三年中，尤以阳泉的张士林、李毓蕙、黄守渊、池庄、刘焕斗、赵熙庭等一大批爱国人士为代表，不畏强暴、顽强斗争，作出了不朽贡献，形成了全省群众运动。因此，保矿运动发端于阳泉，阳泉是保矿运动的最前线。

◎张士林（1856—1927），字墨卿，平定州赛兴都赛鱼村观沟人（今阳泉市郊区官沟村），出身于一个富裕的农商家庭。他以德高望重知名于平定。平生爱国爱民、扶危济困，热心教育事业，长期受到人们的尊敬和爱戴。

张士林对国家大事、民族利益十分关心。光绪二十四年（1898）英商哲美森与山西巡抚胡聘之私相勾结盗取山西采矿权；光绪三十一年（1905）夏秋，正太铁路修通阳泉段，哲美森的福公司插足平定赛兴都平潭街，租房修建，勘测矿地，绘制地图，限制当地百姓挖煤，引起民愤。

在这一运动中，平定是唯一的重灾区，因为平定煤质优良，藏量丰富，交通方便，帝国主义垂涎已久，要收回平定的矿权犹如虎口夺食。他身居矿区，见此状义愤填膺，组织“平定公会”，抗疏力争，遥为声援。邀请平定县的爱国士绅李毓惠、黄守渊、池庄、刘焕斗、赵熙庭、廉士升等人，筹商此事，

矿务第一次会议合影

决定先以“保艾公司”（平定曾称“石艾”）作为争矿常设机关，准备收回矿权，坚持自办，反对出卖。争矿中的请愿、集会、筹备办公地址，雇佣办事人员，接待省城和各界来人等等一切费用，他当仁不让，允诺承包起来，“且相约，誓死不售地外人”。他不顾家业，住在平定保艾公司，协助同仁办事，一面派人到省城、京城联络同乡，组织声援向当局请愿，一面联络旧有窑主和计划新开矿的窑主，多开矿，多划地，发动民众占地开矿。此举轰动了全县，争矿风波由士绅阶层遍及全县民众，17 个郡成立了“保艾分会”。

这时，留日学生李培仁愤志蹈海，激励了国人，平定城设灵追悼，蒙村、赛鱼百姓带上纸炮也前往祭奠，平定州牧见势不妙，劝张士林不要再闹，“与洋人争斗多为不利”，而暗地袒护外国人。张士林“意志坚强，独不为动”，他哥哥张士枚在家听说弟弟参与争矿，遂派人叫他回家，他婉言劝告来使，谓事已成，不足多虑。他参与争矿，“独立支撑一隅，历时二年余，无少倦意，出资三千白银，支助争矿运动”。

保矿运动开始时，唯一的困难是经费问题，无论请愿、集会、筹备办公地址，雇佣事务人员，接待省城和各县来人等，都需要资金。没有经费，寸步难行。在筹集会上，张士林当仁不让，慷慨解囊，出资出力，支持保矿。他的爱国行动，使保矿同仁敬佩至极。有了他带头，大家斗志更坚，从而使保矿运动得以顺利进行。平定的争矿斗争，鼓舞了全省人民争回矿权的意志和决心，“官吏知民力卒不可当，士大夫亦多起抗争”。最终筹资摊款，赎回矿权，成立“保晋公司”，接管平定大片矿地，当地矿产营户劝张士林入股开矿，他婉言谢绝，“若无事者，事终，倏然而归，保艾公司随之解散”。“凡垫巨资，集众议，他皆视为分所当为，无丝毫矜伐之见。”

争矿运动胜利十周年之际，在山西省议会任职的平定籍议员黄守渊、池庄等人将张士林在争矿运动中的所作所为，呈请省政府表彰其首倡之力，1919年省政府奖给张士林“急公好义”匾额一块，并发文表彰他精诚爱国的精神。

张士林一生从事商务，所交往人士甚多，不仅有士绅阶层，对庶民亲朋也是无微不至，只要有求，必有所应，乐善好施，扶贫救急。他常对人说：“男儿在世，视义所当为力所能为者，决心行之，得失毁誉，听之而已。”这就是他的做人宗旨。1927年农历十月初十，张士林病逝，终年72岁。（见《山西争矿运动史料与研究》）

◎池庄（1881—1957），字子临，教育家，平定西上庄村人。幼读私塾，刻苦好学。毕业于山西大学堂西斋采矿冶金专业并奖给进士功名。历任山西省议会议员、山西大学庶务主任、山西工业专门学校庶务长、私立友仁中学校长等职。

光绪二十三年（1897），清政府出卖矿权之事在文化界早有议论。光绪三十一年（1905）正太铁路将修至平定州赛兴都简子沟。英商福公司派工程师在平潭街租家测绘，划地占矿，引起民愤。目睹家乡遭受列强蹂躏，民不聊生，池庄深感痛心，同当地士绅共议成立“保艾公司”以争矿权。后成立“矿产公会”联合护矿，并与在并同乡互通情况，引发了“山西争矿运动”的高潮，最终赎回矿权，赶走洋人。

受到辛亥革命时民主革命思想的影响，池庄曾加入孙中山领导的国民党，并被选为山西省议会议员。后因国事动乱，时局不稳，自动脱离国民党，弃政从教。1914 年 8 月，出任山西大学庶务主任、事务主任兼讲授采矿学和本校附设高中物理课程。还担任山西工业专门学校庶务长，同时多方联络教育界人士筹建私立友仁中学，亲任校长。

1905 年 10 月 14 日，平定矿产公会在平定城黄氏宗祠成立。太原矿产公会会长渠本翘前来祝贺，宣布蔡莲溪为总理、李嘉绅、张诚为副理。保艾公司、固本公司隶属之。图为黄家老院一角。

保晋公司第二矿厂券砌东井时留影

1916年5月，他成为山西省地方自治促进会的早期会员。日军入侵山西后，他携眷属返归乡里，任教于村学并向学生灌输抗日救国思想，培养学生的民族自尊心。1945年日军投降后，他见内战纷争，不仕政治，甘愿躬耕谋生，也不媚颜事日，于乡间继续从事教育事业。

◎刘焕斗，原名刘生斗，平定州三贤都辛南庄人（今阳泉郊区辛庄），清光绪十一年（1885）以刘生斗之名于乙酉科乡试中举。然而，刘焕斗家境贫寒，父亲刘山元无力供养他继续读书深造，无奈之下，他将考试文凭以500两白银卖出。光绪十四年（1888），他再次参加乡试，主考大人因“斗能换，不能生”遂赐名焕斗，后一举中的，被奖以“文魁”牌匾，授予拔贡功名，并聘为辽州知县。因时局不稳，清廷腐败，并未出仕，回乡在私塾中教书育人。

刘焕斗在平定州北乡拥有很高的声望，他为人正直，敢于直言，秉性刚强。为保民权，他常劝州牧下乡时，多微服私访，少鸣锣开道，以体恤民情。光绪末年，清廷与英福公司相互勾结，出卖山西矿权，引发民怨，他联同州城士绅李毓惠、张士林、黄守渊、池庄、赵熙庭、廉士升等人，组织“保艾公司”，声援争矿，坚持废约自办，并不断到州城、平潭、观沟等地议事，动员民众划矿占地。在成立保晋公司后，他又动员各村，说服商号集资入股合办晋矿。

◎赵熙庭，字皋卿，平定余积粮沟村人（今阳泉郊区），清举人廪贡生，候选训导，赏加五品顶戴，例授奉政大夫，升安镇议长。1913年授予二等奖章，三等内部奖章。

清光绪三十一年（1905），赵熙庭参与保矿运动，力争收回山西矿权。

1920年保晋公司第三矿厂矿工出坑照

他先从铁路附近入手，劝有矿地者入股，愿自开者听其自开，无力者入股，并同张士林、李毓惠、黄守渊、池庄、刘焕斗、廉士升等共同创办“保艾公司”，推动了先生沟、汉河沟等旧窑的复产。

◎景定成（1883—1961），字梅九，号无碍居士，安邑人。光绪二十九年（1903）冬，考取日本留学生，入东京第一高等学校理化科，并被推举为留日学生山西同乡会会长。在海外，景梅九更感国耻身辱，开始倾向革命。光绪三十一年（1905），假期回国，加入同盟会。这时，他参加创办了《第一晋话报》，撰写文章，宣传革命思想。当时，清政府曾和英国资本集团密谋签约，出卖山西矿产主权。消息传到日本，他组织山西留学生联合各省学友，发动争矿斗争。并在同盟会机关报《民报》和《第一晋话报》上发表评论，抨击清政府卖国行径，清廷终于同意把山西矿权赎回自办。不久景定成又办《晋乘》杂志，参加《汉帜》刊物的编辑工作。为方便革命活动，在东京成立明明社。他总结太平天国失败教训，提出同盟会革命要“南响北应”的主张。以后，他就着重从事北方革命的宣传发动和组织工作。

光绪三十四年（1908）景定成毕业回国。先在家乡任县教育会长，后到

保晋公司第六矿厂全景

西安高等学堂任教，秘密从事革命活动，写出《忠群论》等论文和小说，批判封建专制，宣传平等思想。为创立西北革命基础，他还积极在清政府新军中做工作，为联系西北革命事宜，再度赴日。景定成在日本又参加协助河南留学生的争矿运动，并被推举为晋见代表。回到北京，景定成同其他代表一起，向清政府力争河南矿权。随后，他在京参加编辑《岁华旬记》报，创办《国风日报》，先后发表《袜子》、《邯郸新梦》等大量文章。宣统三年（1911）广州起义后，他大力宣传黄花岗七十二烈士事迹。是年10月武昌起义，景定成即发表《鄂乱怀疑篇》，巧妙地宣传介绍武昌起义。山西新军起义后，返回太原，景定成任山西都督府政事部长，参与军政组织领导工作。1912年，景定成出任山西都督府稽勋局局长，后被选为国会众议员，还曾代理江西省主席职。除继续办《国风日报》外，他又在山西办起《山西民报》，发表《思高身长论》，宣传女权解放，男女平等，并开办太原第一女子工厂。（见《山西通志·人物志》）

◎周克昌（1874—1947），国会议员、教育家，平定城内东南营人，廪膳生员，曾入冠山书院读书，光绪二十八年（1902）春，入山西大学堂西学专斋学习。光绪三十一年（1905）毕业并赐给举人功名。

光绪三十一年（1905），英商福公司来平定平潭测绘占地划矿，限制民众开矿挖煤。士绅商界声讨，要求政府收回矿权自办，周克昌参与斗争。在学生中有理有据地揭发卖矿的不平等条约，在精神上鼓舞了斗志。

1945年抗战胜利后，阎锡山从晋西派了许多所谓“接受官员”来到平定。他们只知捞权捞钱，欺压人民，对教育事业从不过问，县城各学校的教员，数月领不到薪水，生活困难，学校面临关闭的危险。这时，周克昌与有关方面交涉，采用捐资形式以解决教育经费，才使城关中小学得以继续开办。（见《平定县志》）

◎刘懋赏（1870—1931），朔州安太堡村人。世代务农，家境贫寒。童年时由亲友资助外出崞县求学，以高材生就读山西令德堂。清光绪二十八年（1902），入山西大学堂中斋学习，是年中举人，担任山西大学堂提调。光绪三十年（1904）春，以山西大学堂中斋高等优秀生资格被选送日本，先入经纬学堂师范班，后入明治大学速成师范班。

在日本留学时，刘懋赏参加了同盟会。光绪三十一年（1905）毕业回国，即去山西大学堂秘密宣传革命，劝导同窗留学“习科技，察今世”，以振兴中华。不久被选为山西省民众代表，与崔廷献、李廷飏等，同英商福公司谈判，收回平、盂、潞、泽煤矿与铁矿主权。由于他多方奔走，积极活动，大大激发了山西各界民众对英商福公司的义愤，又得到留日学界的声援。光绪三十二年（1906），争矿运动成熟，在清政府外务部与英商福公司的多次谈判中，他据理力争，使争矿运动取得胜利。在创设保晋矿务公司中，他也尽了最大努力。与此同时，他还积极参加山西同盟会的革命活动，常与李成林、刘朴忱、丁时斋等人做下层秘密工作，成为山西同盟会的中坚。宣统元年（1909），刘懋赏任山西学务公所议绅。宣统二年（1910），山西巡抚丁宝铨为削弱山西同盟会的革命力量，借推选清资政院议员之名，送刘懋赏出晋。在此前后，他与同乡蔚大海、熊兆麒、郑平甫等人，研究引恢河水浇朔县城南土地的方案。宣统三年（1911）春，他成立朔县广裕垦牧水利股份有限公司（通称广裕公司），在阳方口筑坝，开阳方口干渠，引恢河水，浇一半村、米昔马庄、西小寨、化庄、老君庙、东小寨等十几个村庄约40万亩土地。辛亥革命后，他与景耀

保晋公司第五矿厂全景

1920 年保晋公司第五矿厂斜坑口运煤情形

月等 3 人被选为山西省代表，临时参政院议员，参加了在南京举行的选举孙中山为临时大总统的会议。不久，他又参与联名通电，声讨袁世凯的叛国罪行。1912 年，刘懋赏任绥远归化关总监，1913 年，在山西省议会第二届大会上被选为副议长，后因与阎锡山政见不合，毅然退出政界。他除参加一些民众活动外，专心从事改变家乡贫穷面貌的水利事业，以酬实业救国的宿愿。（见《山西通志 · 人物志》）

◎刘绵训（1881—1919），字翼若，猗氏陈家卓人。少聪颖，就读于令德堂，为高才生。光绪二十八年（1902），入山西大学堂中斋。光绪三十年（1904），中甲辰科进士。因不愿为吏，遂留学日本，入早稻田大学研究法政。光绪三十二年（1906）七月一日，由荣福桐主盟，景定成介绍，在东京加入同盟会。

同年，山西人民掀起争矿运动，在日本的晋籍留学生纷起响应。他积极投身这一斗争热潮，撰《告山西父老书》，反对英国福公司霸占山西煤矿。嗣后归国省亲，充山西学务公所河东道议绅。光绪三十三年（1907）三月，山西公立法政专门学堂筹创，刘绵训为监督，至六月正式开办。十月，山西同盟会创办《晋阳公报》，聘刘绵训、王用宾为主笔，对清廷秕政颇多笔挞，并秘密从事革命宣传和组织工作。

宣统二年（1910），山西巡抚丁宝铨以禁烟为名，惨杀无辜，酿成“交文惨案”，《晋阳公报》刊文予以揭露和抨击。丁迫令更正，刘绵训坚决拒绝，被勒令辞职，乃间道入京，就任京师大学堂图书馆馆长。（见《山西通志 · 人物志》）

◎景耀月（1882—1944），字瑞星，又字秋陆。因从章太炎游学，定号太昭，又号帝昭。辛亥革命时期，因主办报刊，笔名甚多，有迷阳庐主、太原公子等等。芮城县陌南镇人。

景耀月少有抱负，曾作诗言志："胸藏块垒谁能见，襟有风云众岂知。"他在日本留学期间，即加入孙中山组织的同盟会，任同盟会本部参议，负责组织工作，是山西支部负责人之一，后被选为留日同学会主席。他与景梅九是同盟会山西会员中的两大手笔，人称"山西二景"。光绪三十二年（1906），他积极参与山西民众收回矿权运动。在李培仁悼念会上，他一纸骚体祭文，"哀音满纸，闻者泣下"。（景梅九《罪案》）光绪三十三年（1907），他与景梅九等山西籍同盟会留日学生发起创办《第一晋话报》、《晋乘》等革命报刊，并任《民报》编辑、记者，鼓吹反帝反封建，鼓动山西民众摆脱专制统治。景耀月深得孙中山先生的器重。他还和于右任等发起组织晋豫秦陇协会，联合四省志士协同反清。

景耀月回国后，在上海中国公学执教，并受命佐助于右任编办同盟会报刊《民呼日报》。宣统元年（1909）八月，《民呼日报》被上海清廷当局查封，于右任被拘，景耀月又受命援救于右任，并接替其办报，遂有《民呼日报》的姊妹报《民吁日报》问世。于右任被救出赴日后，他遂为《民呼日报》主持人。十一月，景耀月在苏州参加近代爱国诗社——南社的成立聚会，编辑过《南社丛刻》，与柳亚子、俞剑华、苏曼殊等人，借诗文互相酬唱，进行革命活动。他致力于抨击清廷立宪骗局，揭露日本亡华野心。宣统二年（1910）十月，《民吁日报》被当局查封，他又和于右任等创办《民立报》，继续反清抨日。因此遭亲日势力和清廷忌恨，被迫再次东渡。他去日本后，日政府在清廷要求下，缉捕革命党人甚严，他遂间道潜往南洋，后转赴安南，与安南革命领导阮氏集团共谋革命事宜，并在西贡、河内等地组建同盟会分支机构。之后他再度赴日，与孙中山、黄兴等策划南北起义。辛亥前夕，他密返上海，进行革命活动。

宣统三年（1911），辛亥革命爆发后，全国响应，各地代表聚集南京。景耀月与任亮、刘懋赏等以山西代表身份出席各省代表会议，共推孙中山为临时大总统，景耀月被推为临时政府各省代表会议主席，参与筹划组织临时政府，厘定开国大计。十二月，孙中山游欧返国后，他代为草拟临时大总统就职宣言和临时约法等文件。民国元年（1912）1月1日，中华民国临时政府成立后，他任教育次长兼代总长，兼任南京政法大学校长，上海中国公学教授等。在同盟会内任文事部干事。孙中山辞去大总统职务后，到全国各地视察，他是主要随员之一。（见《山西通志·人物志》）

◎陆近礼（1881—1943），字恭斋，乳名连科，平定西关人。幼年家贫，在族人资助下就学。光绪二十八年（1902）壬寅科乡试中举，是年考入山西大学堂西斋二部。勤奋好学，博闻强志，为校内佼佼者。光绪三十年（1904）秋，应山西巡抚张曾选派偕同冯司直、阎锡山等50名学生东渡扶桑，入日本明治大学商科深造。

光绪三十一年（1905），在日本得知英商在家乡平定测地划矿，限民开采的消息后，他与同乡冯司直等奔走联络留日同乡会诸君，支持声援，得到留日学生极大关注，函电支持。为父老出谋划策，向官绅痛陈利害，告诫“矿存山西存，矿亡山西亡”，在《民报》、《晋话报》撰文为山西争矿呐喊，鼓舞了山西人民争回矿权的斗志和信心。

光绪三十三年（1907）学成回国，国内形势危迫。饥馑荐臻，伏莽滋多，外债业集，经济困难，强权势利膨胀，内政外交，无一良策，陆近礼知国是日非，匹夫有责，遂参与了请求召开国会的活动。宣统二年（1910）九月，被旅省各区人民推选为代奏书修正员，并与杜上化等八人为代表向抚署请愿，得到中丞赞同，拟代表姓名上呈，要求速开国会立宪治国。后任山西朔县知县。（见《山西争矿运动史料与研究》）

◎崔廷献（1875—1942），字文征，山西寿阳县库仓村人。幼时家境贫困，16岁应童子试以第一名入学，光绪二十四年（1898）考取优贡，光绪二十七年（1901）中辛丑科进士。光绪三十年（1904）赴日本法政大学研究政治经济法律。光绪三十一年（1905）加入同盟会，是“晋政界中入国民党最早”的人之一。同年冬回国，正值山西民众争矿运动爆发。崔廷献被山西大学堂西斋学生推举为代表，依据《万国公法》反对帝国主义的侵略和压迫。他不畏强暴，大义凛然，常使英国人理屈词穷，无言以对。人们见其才高辩雄，推举为山西全省争矿代表，到北京向清政府请愿。他不畏强权，坚持正义，为最终夺回矿权起到了重要作用。

保矿争矿斗争的胜利，使崔廷献救国强国的信心倍增。光绪三十三年（1907）春，他帮助筹建“山西商办全省保晋矿务有限总公司”（保晋公司），并成为保晋公司的重要成员之一。

他先后被任命为山西农林、实业、铁路等学堂协理，教育总会副会长，奉天葫芦岛开埠局长等职，以自身的努力提高民众的觉悟。辛亥革命后，他回山西任内务司司长兼财政司司长并代行民政司司长事、都督府书记官等。

1916 年，崔廷献被选为保晋公司第三任总经理。上任后，他主要做了三件事：第一，将保晋公司总部由太原迁至阳泉火车站附近，就近经营管理煤矿；第二，整顿组织、撤换了一些不懂业务的人员；第三，继续经营好煤炭生产销售，积极筹备、物色人选，创建近代炼铁厂。对于建立近代炼铁厂，崔廷献当机立断地连续召开了三次股东大会，决定先组成矿窑处，调查平定、盂县的铁矿，拟定开采方针。将公司改制成“采煤”、“制铁”、“营业”三部，聘任赵铮为制铁部长。

1917 年 11 月，崔廷献将保晋公司制铁部改名为保晋公司阳泉铁厂（简称“保晋铁厂”）。1926 年 8 月 1 日，高炉正式投产。期间他还兼任省六政考核处长、省议会议长、省政务厅长等。1923 年起崔廷献任河东道尹、河东盐运使，1927 年北伐后，助理平津卫戍事宜，任特别委员长。

◎渠本翘（1862—1919），字楚南，祁县人。累世为山西有名的票号财东。其先祖于明初由上党移居祁县。清初，渠氏由“走西口”起家，到乾嘉年间，已是以采办两湖砖茶运销西北、蒙古和俄罗斯为主的经营多种商业与钱庄的巨贾。至其父渠源祯辈，渠氏进入黄金时代。道、咸、同、光年间（1821—1908），渠氏四兄弟除开设有百川汇、三晋源、存义公、汇源涌、长盛川五家票号外，还有茶庄、盐店、绸缎庄、药材行、钱铺、当铺等。其父渠源祯卒后，仅一座银窖即有白银 300 万两。

渠本翘自幼读私塾。光绪十八年（1892）会试举进士。赴日留学归国后任内阁中书。光绪二十八年（1902），他与太原天合元钱庄财东乔雨亭合资

5 000元（银元）收买原由山西布政使胡聘之于光绪十八年（1892）创办的太原火柴局（后更名为晋升火柴公司），改名为双福火柴公司。这是山西最早的由民族资产阶级投资的近代民族工业。光绪二十九年（1903），他以清廷外务部司员改任驻日本横滨领事，翌年归国任山西大学堂学监。光绪三十一年（1905），渠本翘与祁县士绅商定在昭馀书院旧址创办祁县中学堂。山西争矿运动爆发，他极力赞助，曾在太原各界群众争矿运动集会上发表演说。当时，他为祁县乔家资本经营的大德通经理，因演讲涉及政治，被财东辞退。光绪三十三年（1907），他被山西绅商推举出任山西保晋矿务总公司第一任总理。他在规划组织、制订公司章程等方面出力尤多。光绪三十四年（1908），为向英商福公司赎回矿权，他又出面向山西各票号借白银150万两，成效甚好。清廷为笼络民族资产阶级，当时曾对头面人物予以奖励，渠本翘被命以三品京堂候补，成为山西政商界名流。宣统二年（1910）夏，

保晋公司第一任总理
渠本翘

渠本翘及其家人，左手第三人为渠本翘。

清廷实行立宪活动，成立典礼院，他被任命为典礼院直学士。从此人称“渠学士”。同年秋，又出任山西大学堂监督。武昌起义后，他被清政府任命为山西宣慰使，欲借其声望挽回清统治在山西的危局，但他未应命。袁世凯篡权后，渠本翘即寓于天津，刊刻祁县戴枫仲《半可集》，又拟编纂祁县地方志以及刊刻李杨清《萝苇轩诗稿》，品评所藏名人书画，未再出仕。1919 年病逝于天津。（见《山西通志·人物志》）

◎刘笃敬（1848—1920），字缉臣，号筱渠，太平县南高村人（今襄汾县）。其家族数辈在清代为官者不下 20 人。家私豪富，素有“刘百万”之称。刘笃敬是山西兴办电力的创始人。

刘笃敬自幼读书。光绪元年（1875）乡试中举人。曾三赴京师应进士第，皆未中试，后留京任刑部主事。他与“戊戌六君子”之一的杨深秀有同乡之谊，来往甚密。杨遭杀害后，刘不顾当局压力，亲自操办丧事，并将灵柩运回闻喜安葬，深为世人称道。光绪二十六年（1900），他回到山西，结识了山西巡抚胡聘之。后赴日本神户考察工商业，回国后任山西商务局总办。光绪三十一年（1905），他作为清政府山西代表与英国福公司代表会谈进一步拍卖山西矿权，遭到广大学生与市民的反对。光绪三十三年（1907），任山西商会会长。光绪三十四年（1908），他与韩谦合资 1.12 万银元在太原南肖墙兴办山西第一个发电厂——太原电灯公司。该公司装有 60 千瓦直流发电机一部，由蒸汽引擎带动发电，仅

延伸阅读

由于渠本翘、刘笃敬在争矿保晋运动中表现卓著，光绪三十四年（1908）七月，新任山西巡抚宝棻上奏清廷为二人邀功请赏。他在奏折中说：“……渠本翘经营保晋公司，集股兴办，隐为抵制之计，及改约定议，复触于仓促之间筹集巨款，应时拨付。刘笃敬总司商务，于矿档始终其事，迭次与福公司会议，力持正论，坚定不移，俾十年成约一朝挽回，弥隐患于无形，收利权于即失，其有裨于大局，实非浅鲜……两绅于矿事始终维持，实系尤为出力，且乡望素孚，奖其成劳，正以策其后效……”光绪皇帝览奏后甚为感动，遂大笔一挥“硃批”曰：渠本翘着赏给四品京堂，刘笃敬着赏给五品京堂。

供太原城区照明。因系首次出现，夜晚街灯一亮，市人争相观看，无不称奇。随着照明与工业发展用电需要，1918 年又安装 120 千瓦发电机一部。后因维护不善而损坏。

刘笃敬以雄厚的经济实力为后盾，兴办实业的兴趣颇大。同一时期，他除创办山西首家电灯公司外，还兴办或参与兴办山西纺织业、矿业、盐业、交通、教育等事业。宣统三年（1911），他接替渠本翘任保晋公司总经理职务。修建山西境内铁路太原至榆次段，他担任总办。1916 年，他辞退一切职务返乡，于 1920 年病故。（见《山西通志 · 人物志》）

（二）保晋公司发迹于阳泉

保晋公司是保矿胜利的成果。保晋公司从 1906 年春季筹建，1907 年聘

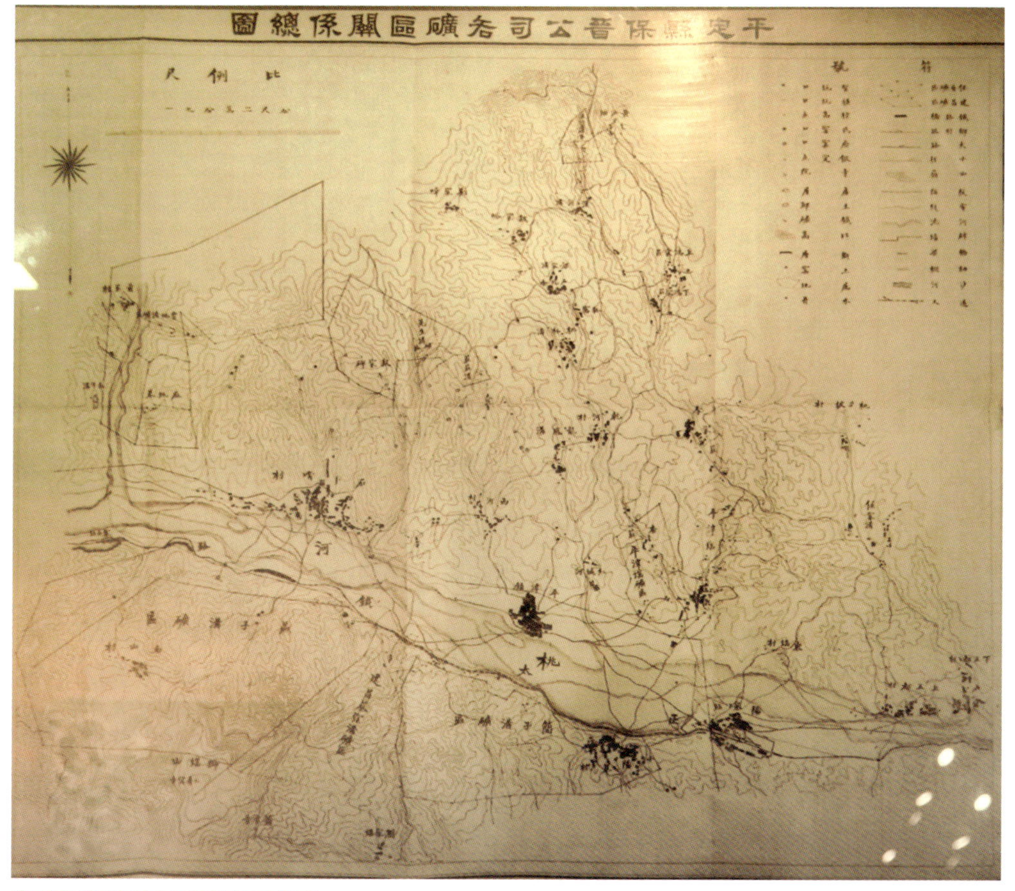

平定保晋公司各矿区关系总图

任渠本翘为总经理，1908 年清政府正式批准，都离不开以阳泉为中心的保矿运动。同时，保晋公司是推动保矿运动胜利的关键力量。保晋公司成立后，四个分公司，最强盛的是平定分公司，最有发展潜力的是阳泉。1916 年 8 月，保晋公司总部由太原海子边迁至阳泉，此后，名不见经传的阳泉成为老工业基地，成为山西近代民族工业的中坚，为世人所瞩目。

从渠本翘总理到常旭春总理时期，阳泉各矿的近代化水平得到了迅速的发展。无论是井上还是井下，全部铺设了轨道，且全部使用矿车运煤。1937 年，阳泉各矿共有矿车 1 543 辆，铺设轨道达 2.174 万米。起初，工作面的煤先装入拖筐，拖或抬至大巷再装入矿车。其后，轨道直接铺至工作面，进而又发展为直接装运，省去了拖筐等手工操作。随着主大巷的发展延伸，大巷、斜坡上又安装了绞车。阳泉一、二、三、四矿厂，用轨道矿车或者驴骡运至火车站，即可直接外运。第五矿厂在桃河北岸，1919 年委托日运斗容积 8 立方英尺，每斗载重 340 磅，动力 12 马力。桃河北岸所产煤铁，均经该索道运往南岸。由于销路很好，日运量多达 300 多吨。这个数字在当时的历史条件下，是十分可观的。阳泉各矿厂采用机器和科技手段采煤及运煤的技术，位居全省之首。

总的说来，保晋公司是由平定首先爆发的争矿运动的胜利成果，特别值得珍惜。保晋公司创办初期，设有平定、寿阳、晋城、大同四个分公司，而平定的规模最大，实力最强，是保晋公司的心脏。从 1916 年，公司总部迁至阳泉后，阳泉又成为全省保晋公司的指挥中心。1917 年，阳泉保晋铁厂成立后，阳泉就又成为山西近代采煤业和制铁业开办最早的基地和发展最快的中心。这种格局一直到阎锡山创建“西北实业公司”后才被打破。可以说阳泉的近代采煤业和制铁业为山西近代矿业发展史画上了浓墨重彩的一笔。

另外，正太铁路于 1905 年修至阳泉，使得阳泉在对外贸易上，第一个使用火车这一先进交通工具，阳泉也将因此成为山西省近代史上第一个使用火车运送物资的地方，成为山西近代的运输枢纽和对外运输的陆地码头。保晋公司的营销机构遍布北京、天津、石家庄，产品销往华北、上海、镇江、汉口、广东、香港及日本等国家和地区。

为了指挥前移便利经营，保晋公司总部于 1916 年 8 月迁至阳泉火车站附近。图为 1906 年 9 月在小阳泉村沙江口设立的阳泉火车站。

阳泉的冶铁和采矿技术较为先进。早在 20 世纪初，保晋阳泉铁厂就三次派人到日本学习冶铁技术，并从日本购进先进的冶铁设备。在冶铁方面，保晋铁厂与汉阳铁厂、本溪铁厂齐名，是中国最早采用世界近代技术的三大基地之一，在山西独一无二，在全国冶铁史上占有极高的位置。

据《保晋档案》记载，保晋公司不仅是山西最大的民族资本企业，而且在煤炭采掘方面，积极改进采煤方式，逐步实现由机器代替繁重的人工劳动，在山西煤炭发展史上独领风骚，起步最早。

在那个风雨飘摇的年代里，阳泉的特定史实使得这片神奇的土地成为孕育近代山西保矿运动的摇篮。

第四节 悲怆之声

“身世浮沉雨打萍。”飘荡于水中的浮萍终其一生都无法在固定的水域扎根，只能随波逐流，居无定处。虽然保晋公司拉开了山西近现代工业的序幕，但是半殖民地半封建的社会性质和保晋公司存在的深层次问题等诸多内外不利因素，决定了它不可能顺利发展。于是，这支飘荡于乱世的浮萍，犹如独绽于黑夜的昙花，霎时不见了踪影。

关键词：经营危机 矿井改革

“成也萧何败也萧何。”一方面，由于西方列强对于山西矿权的觊觎和掠夺，催生了保晋公司的成立。在第一次世界大战爆发时，西方列强无暇东顾，给了山西民族资本以喘息之机，并得到了缓慢的发展；而另一方面，正是沉浮动荡的时局使得保晋公司一经成立便在经营上举步维艰，当爆发了世界上第一次经济危机后，作为转嫁危机的有效手段，西方列强加强了对中国民族资产阶级的经济打压，保晋公司便再也无法维持下去了。

一、呆滞阶段——飘荡于乱世的浮萍

1925 年至 1930 年的 6 年时间，为保晋公司的呆滞阶段。正当保晋公司的全部亏损得到弥补，营业有所起色的时候，国内封建军阀的混战，使保晋公司接连遭受沉重打击，从而结束了它短暂的繁荣，出现了呆滞局面。1924 年，第二次直奉战争使铁路运输经常中断，铁路联运被迫取消，铁路运费重新高昂起来。同时，暂免了的出口税、进口税也被取消，导致保晋公司阳泉各矿厂生产的煤炭堆积如山，无法销售。在此情况下，保晋公司只好丢“卒”保“车”，除必需的建设工程继续进行外，其余的一律停业。

1927 年，北伐战争波及北方，铁路运输中断，保晋公司阳泉各矿厂陷于停产状态，矿工失业，职员坐食，亏损剧增。为了应付危机，保晋公司向山西省银行订立垫款合同，贷款 120 万元。

1928 年，军事稍为稳定，但车皮仍多被军队占用。车辆短缺，销路闭塞，捐税繁多，使保晋公司仍无法得到喘息的机会。尽管保晋公司进行了力所能及的挣扎，将存煤运至太原、榆次等地销售，但价格低下，得不偿失。1930 年，中原大战爆发，保晋公司的营业再次受挫。这一阶段，公司财务又重新出现赤字。

二、危机阶段——列强转嫁经济危机的牺牲品

从 1931 年到 1937 年的 7 年时间，是保晋公司的危机阶段。这一阶段，世界帝国主义国家正处于经济危机时期。为了转嫁经济危机，它们和中国民族资产阶级争夺市场的斗争日益激烈尖锐。日本帝国主义已占领我国东北，并准备大举入侵。帝国主义的经济争夺和军事侵略，使中国民族工业的处境每况愈下。

中原大战之后，晋钞票价剧跌。保晋公司协理白象锦抓住时机，让大同分公司预售煤炭 10 万余吨，收到现洋 30 余万元，另借现洋 10 万余元，才把借贷山西省银行的欠款全部还清，解除了保晋公司经济困窘的燃眉之急。

金融缓和后，保晋公司着手安排了一些矿井建设。这次改革的内容主要有二：一是撤掉各矿厂不称职的厂长，配备有能力的坑务主任，主持矿厂事务；二是取消封建把头制的生产管理形式，代之以“老伙班”的小包干形式。

这次改革使保晋公司的经营有所抬头。但是，日本帝国主义发动的侵华战争使保晋公司的努力付之东流。市场继续缩小，销路依然堵塞，亏损又迅速增加。1937 年，“卢沟桥事变”爆发，日本侵略军向华北长驱直入，保晋公司的当权者闻风而逃，并欠下上百万元的巨债。同年 10 月，随着日本侵略军的铁蹄踏入阳泉，经营 30 年之久的保晋公司被日本侵略军劫夺，从而结束了自己的历史。

从上述可以看出，在“保晋时期”的 30 年时间里，这个先天不足的民族资本主义企业，虽然几易经理、屡图改革，但由于帝国主义的压迫和排挤，

1920 年的保晋铁厂正门

由于封建主义的束缚和影响，其生产和经营一直不景气。它主要经营的阳泉煤炭一直徘徊在 20 万吨左右，最高的 1924 年也仅 41 万吨。大同忻州窑煤矿的产量也不过 15 万—16 万吨。据统计，从 1908 年到 1935 年的 28 年里，全公司共产煤炭 570.9 万吨。其中阳泉分公司最多，为 388.8 万吨，占全公司总产量的 67%。在经营上，除大同地区由于煤价稍高，略有盈余外，其余大部分地区连年亏空。从 1925—1929 年，保晋公司年年亏损，5 年总亏损额达 44 万余元。可见处于半殖民地半封建状况的中国民族工业的基础是多么虚弱，其发展又是多么艰难！

第五章

蛛网内外

处于蜘蛛网中的蜘蛛，以它肉体的精华和天赋的能力，扩展了生存空间，增强了生存能力，就是这张八角形的网，让科学家们惊叹不已。但是，蜘蛛却又总是小心翼翼的，它们在保障了生存空间的同时，却又被自己呕心沥血编织的网禁锢在了或是墙角、或是枝丫的狭小空间里。正是这张面对狭小空间而张开的网，令蜘蛛终其一生都“固步自封”，以至于离开了网它便无法生存。保晋公司与时局的关系很像这蜘蛛与网的关系。当保晋公司编织适应时局的组织结构时，无可避免地掺杂了不利的因素，这些因素生根、发芽，并在时机成熟时占据主导。

第一节　企业性质与基本制度
——公司的成立基础

保晋公司是山西近代第一家大规模的煤炭生产企业，它打破了传统的小煤窑土法开采，开始采用机器生产，使生产力有了较大提高。此外，在生产经营和组织管理方面，保晋公司开始逐步实行资本主义企业的管理制度，使山西煤炭工业的发展进入一个新的历史时期。

关键词：民族资产阶级　经理负责制

一、企业性质——民族资产阶级性质

据《近代矿史研究》记载，保晋公司是山西近代史上开办较早、规模最大的民营企业。它的实权掌握在民族资产阶级手中。保晋公司的资本是国内募集而来的股银，其章程明文规定："所收股份以本国人为限。"还规定："本公司既为商办，则附股者无论何人均认为股东，一律对待。"章程在阐述其办矿宗旨时说："本公司为开辟本省利源起见，期将各种矿产一律开采，以兴地利而裕民生。"并提倡地方自办，"以辅公司之不及"。还说："本公司用人办事，一以商务为宗旨，不得丝毫沾染官场气习，亦不沿用各局所名称。"

保晋公司的主权机关是股东大会，规定股东大会举行时，凡股东皆可参加，凡出资股银 1 500 两有一决议权，多者递加，最多可得 20 权。除了对决议权有明文规定外，对当选董事和监

延伸阅读

保晋公司的第一任经理渠本翘是山西头等票商和山西最早的实业家之一，出任经理前是清政府的"分省尽先补用道"。保晋公司成立时，仅他一人就入股 5 万两。第二任经理刘笃敬是全国闻名的"刘百万"和山西电力事业的创始人。出任经理前，曾担任过清政府的刑部主事和山西商会会长。

察人，也有明文规定。当选董事和监察人，公股者必须有股银 1 500 两以上，私股者必须有 2 500 两以上。一般的股东并没有多少股银，投入巨资的只能是少数热心于开办新式企业的地主、商人和票商。就保晋公司的几位经理来看，也都是由经济实力雄厚并在社会上有相当地位的人担任的。地主、商人和票商热衷于投资新式企业的结果，使他们转变成为山西第一代民族资产阶级。

二、基本管理制度——经理负责制

保晋公司的管理制度具有资本主义企业的性质。董事会领导下的经理负责制是保晋公司的基本管理制度。

公司由主权机关、领导机关和执行机关组成。股东大会是保晋公司的主权机关。分常会和临时会两种。常会于每年度结账后举行，凡入股者皆可参加。临时会则遇有特别重大事件时才举行。常会和临时会均由董事会和总公司经

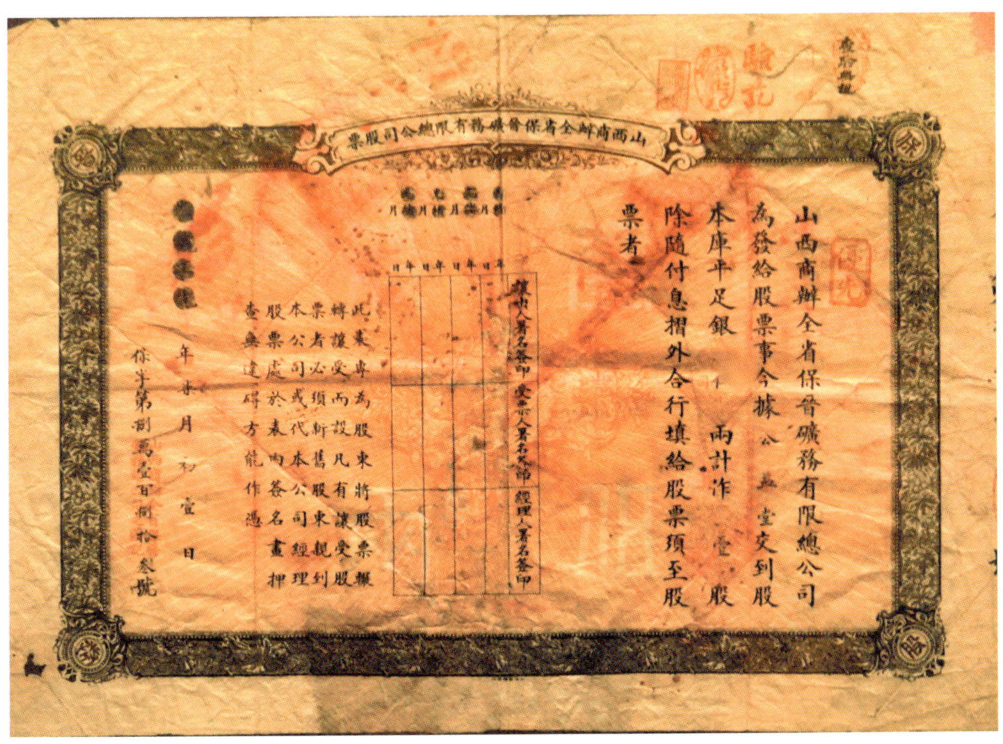

山西商辦全省保晉礦務有限總公司股票

山西商辦全省保晉礦務有限總公司
為發給股票事今據 公 五 壹 交到股
本庫平足銀 兩計作 壹 股
除隨付息摺外合行填給股票須至股
票者

讓出人署名簽印
受讓人署名簽印
經理人署名簽印

此表專為股東將股票
轉讓受而設凡有讓受股
票者必須新舊股東親到
本公司或代本公司經理
股票處於表內簽名畫押
壹無違碍方能作憑

年 月 初壹 日

保字第 號

山西商办全省保晋有限总公司股票

1932 年保晋公司石门分公司职员的合影。

理、协理负责召集。董事会是保晋公司的领导机关。它由股东大会选举若干人组成。董事会决议公司重要事项。主任董事主持董事会事务。总公司是保晋公司的执行机关。它由经理、协理和有关职员组成，按照董事会决策，具体领导全公司事务。

监察人由股东大会选举产生。每次选举数人。凡公司账目、财产和业务均能随时检查。年终时，负责查核公司账务并署名报告。当选监察人必须是本公司股东，其股银数量与当选董事相同，每届任期一年。经理和协理均由董事会推举产生。经理按照董事会意图，具体主持公司事务，协理协助之。

董事由股东大会选举产生，参与董事会的集体领导。当选董事必须是本公司股东。在股银方面，公股者不低于 1 500 两，私股者不低于 2 500 两，每届任期 3 年。

可以说，保晋公司的管理制度既保证了董事会对企业的集体领导，又保证了经理对煤矿行政的统一指挥。

第二节 两次改革——保晋公司的强心针

保晋公司成立之初，就面临经营困顿，保晋从面对挑战和困难，开始了拯救民族工业的探索。两次重大改革都卓有成效，使保晋公司走出低谷，走上了平稳快速发展之路。

关键词：经营困顿　两次改革

一、保晋公司的困顿

保晋公司从起步开始，就遇到了重重困难，发展举步维艰。其面临的生存和发展困难主要有以下四个方面：

一是严重的资金短缺是保晋公司发展的最大障碍。保矿运动结束时，山西商务局与英国福公司议定《赎回山西盂县平定州潞安泽州与平阳府开矿制铁转运正续各章程合同之合同》12条。合同中规定，赎款计行平化宝银275万两，由山西商务局担任，赎款于光绪三十四年正月二十日先交一半，其余分三期摊还，至光绪三十七年四月初一全部付清。275万两赎款原定由官厅所收亩捐项下拨付，作为公股。为了预防夜长梦多，保晋公司第一任总经理渠本翘以山西亩捐作为抵押，向各票号商行借款，一次交清。后因山西亩捐被挪作军费，渠本翘只好拿股银归还票号商行。保晋公司就是用这种拆了东墙补西墙的办法来勉强维持生存的。因此，保晋公司在初创阶段的经营就遇到了巨大的经济压力，成为公司发展的最大障碍。

二是帝国主义的经济掠夺是保晋公司发展的枷锁。保晋公司成立之时，正值《辛丑条约》刚刚签订不久，中国完全沦为了半殖民地半封建社会，西方各帝国主义国家以种种方式对中国进行了疯狂的经济侵略，弱小的中国民族资本主义工业自然成为他们鱼肉的对象。他们依靠向清政府取得的某种特权，压制保晋公司的成长。

据记载，光绪年间正太铁路建成后，其营运大权掌握在法国人手中。以

1918 年至 1922 年为例，5 年之间，保晋公司经正太铁路外销煤炭 105 万吨，共支付运费 340 余万元。如若能与井陉煤矿享受相同的运价率，就可以省去 200 余万元。昂贵的铁路运费大大限制了保晋公司的生产及经营。与此相反，外国煤炭因得到种种优惠而充斥中国的国内市场，由于运费昂贵等诸多原因导致的高价使保晋煤自然被排挤出市场，销路堵塞，业务萧条。

三是封建军阀的层层剥削使保晋公司的经营雪上加霜。保晋公司时期，中国各派军阀在帝国主义的支持下不断进行着争夺地盘的战争，战争的消耗使他们加紧了对民族工业的盘剥。《保晋公司报告书稿》中记载，各派军阀对保晋公司的压榨名目繁多，包括特种库捐、资本登记费、兵差垫款、临时军费、防务借款、临时铺捐……关卡无处不设，捐税无处不收，繁重的苛捐杂税使本已步履蹒跚的保晋公司更加举步维艰。

四是管理制度的不足制约着保晋公司的发展。保晋公司创办之初一直处于不佳状态，这固然是多种原因造成的，但就公司本身而言，最主要的是用人不当和实行全公司统一核算。首先，保晋公司是由山西的绅商筹集股金创办的，公司章程规定 ：“本公司既以商务为宗，则所用号友多用商人。”因此，保晋公司在初创时期使用的职员，除少数高级职员由经理和协理提名，经董事会同意聘用外，其余多数都是旧商号的伙计和学界人士。这些人只要是有身份有地位的人推荐，便被录用，有的还被安放在了十分重要的岗位上，但实际上他们既无矿业理论知识，又无矿业实践经验，只能伸手拿钱，大量使

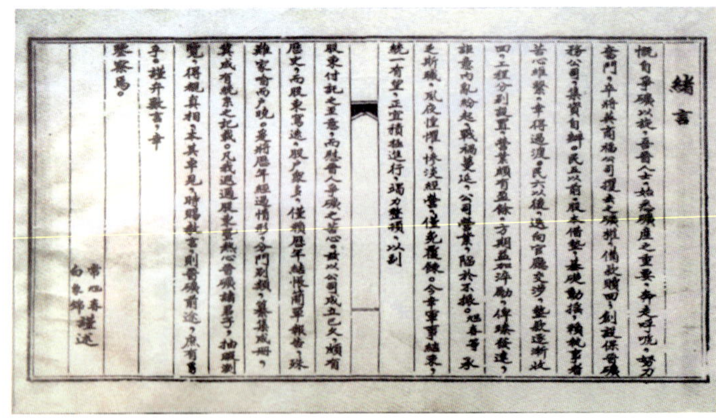
緒言

《保晋公司报告书稿》

用旧商号人员来管理煤矿企业，势必造成盲目指挥。其次，公司成立之初，总部设立在太原，而在保晋公司各分公司当中，经营采煤兼运销业务是以平定分公司为主，客观上存在着总公司距离平定分公司较远、不便于管理等弊端。全公司实行统一核算，各分公司相互依赖，吃大锅饭，不利于调动各自的积极性。

穷则思变，变则通，通则久。严峻的形势迫使保晋公司的当权者清醒地认识到，要想生存发展下去，唯一的出路就是改革，外拓市场，内改弊端。于是，基于这样的良好愿望，他们开始了拯救民族工业的艰难探索之路。

二、两次改革

面对来自各方的挑战与困难，保晋公司的第一任经理渠本翘和第二任经理刘笃敬也曾奋力拼搏，但最终因困难艰巨，先后丧失了改革的信心，辞职离去。为了挽救风雨飘摇的保晋公司，第三任经理崔廷献和第四任领导集团中的骨干白象锦先后推动了两次重大的改革，对保晋公司的繁荣发展起到了重要的作用，在保晋公司的发展历史上功不可没。

1916 年，保晋公司进行了第一次改革：变全公司统一核算为分公司各自核算；取消平定分公司，阳泉各矿厂归总公司直接管辖，各矿厂独立核算，自负盈亏，并鼓励竞争；辞退不称职的旧商号人员，招聘了一批精通矿业和商业的专门人才，把山西大学堂的一些矿业教员和留学生招聘进来，作为生产技术和经营管理的骨干。

这次改革取得了较大成功。经济核算单位的改变，调动了各矿厂的生产积极性；内行管理企业，提高了企业的管理水平。改革行之有效，保晋公司很快进入了发展的黄金时期，这次改革为保晋公司的短期繁荣奠定了基础。

然而，好景不长。正当保晋公司经营有所起色、发展顺利之时，国内军阀混战云起，使保晋公司接连遭受重创，亏损现象十分严重。保晋公司犹如昙花一现，很快结束了其短暂的繁荣，进入了衰落时期。

保晋公司后期，机构逐渐臃肿，人浮于事的问题非常突出。多层领导，

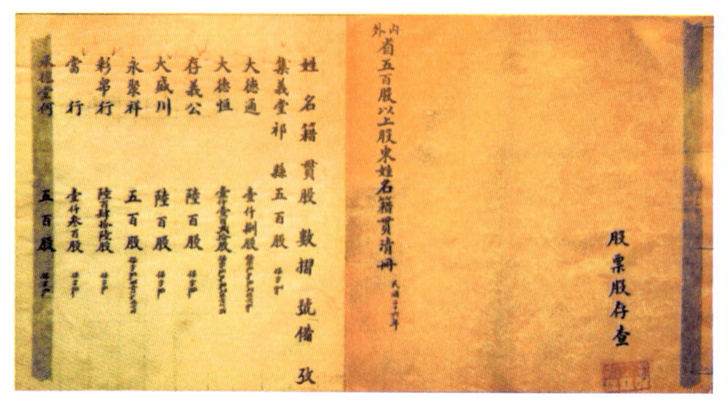

股票股存查

内外省五百股以上股東姓名籍貫清册

姓名	籍貫	股數	摺號	備攷
集義堂	祁縣	五百股		
大德通		壹仟捌股		
大德恒				
存義公		陸百股		
大盛川		陸百股		
永聚祥		五百股		
彩帛行				
當行				
		五百股		

◎《内外省五百股以上股东姓名总册》

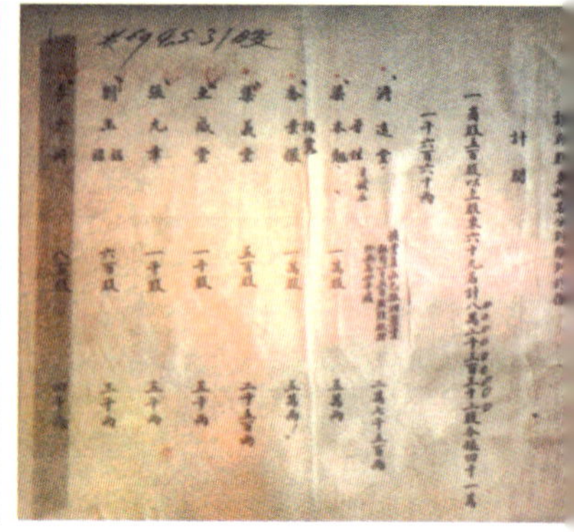

◎《三、五百股以上股东姓名册》

盲目指挥，使被领导者无所适从。尤其是阳泉各矿厂的厂长，滋长了严重的官僚生活作风。他们只拿薪金，不问生产，矿厂经营不景气。矿厂的生产，由坑务员直接承揽给把头，把头自己雇用工人。工人和矿厂不发生直接联系。他们的劳动由把头安排，工资由把头发给。唯一和矿厂发生联系的是把头。他们不劳动，只是通过雇工进行剥削。

这一时期的重要人物是1932年调任保晋公司协理的白象锦。白象锦是英国威尔士大学的矿科毕业生。面对重重困难，白象锦想方设法，竭力挽救衰落中的保晋公司。

中原大战爆发后，山西钞票票价剧跌。白象锦抓住机会，让大同分公司预售煤炭10万余吨，收到现洋30余万元，另借现洋10余万元，还清了山西省银行的贷款，解了保晋公司经济危困的燃眉之急。在金融稍事稳定后，白象锦进行了保晋公司的第二次改革。这次改革着重解决两个问题：一是精简机构，调整人员，撤掉一批不称职的厂长，抽调一批精通业务、有工作能力的内行担任坑务主任，以取代原先的厂长，主持矿厂事务；取消矿厂坑务、事务及其下属六股，仅设几名精干的坑务员和事务员，受坑务主任直接领导，具体管理矿厂事务。公司成立工程课，直接管理各矿厂的工程事项。二是程度不同地取消把头制，由工人自愿组织一伙人，叫老伙班；矿厂把生产直接承包给老伙班，并按照生产完成情况，把工资付给他们，由他们自行分配。通过这次改革，各矿厂实现了精兵简政，职员的官僚化作风得到有效的整顿；

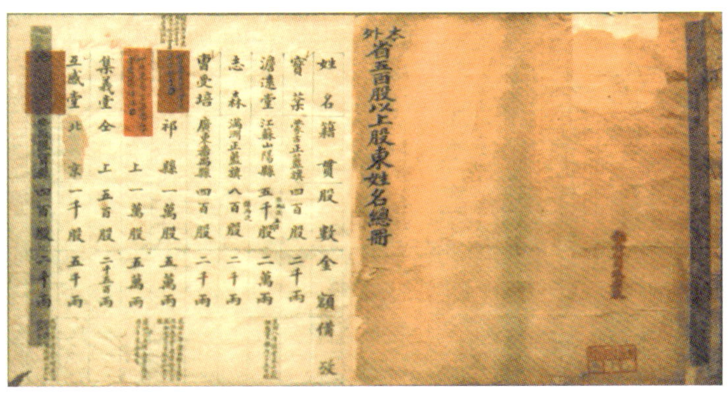

本外省五百股以上股東姓名總冊

姓名	籍貫	股數	金額	備考
寶棻	蒙古正藍旗	四百股	二千兩	
濟遠堂	江蘇山陽縣	五千股	二萬兩	
志森	滿洲正藍旗	八百股	二千兩	
曹受培	廣東嘉應縣	四百股	二千兩	
[illegible]	祁縣	一萬股	五萬兩	
[illegible]	上	一萬股	五萬兩	
集義堂	仝上	五百股	二千五百兩	
五盛堂	北京	一千股	五千兩	

《本外省五百股以上股东姓名总册》

取消把头制，减少了中间剥削，缓和了劳资矛盾，使工人的生产情绪有所高涨，生产效率得到提升。这些都对保晋公司的生产经营起到了积极的作用。

三、改革的成效

两次改革行之有效，保晋公司很快进入了产销的旺季，改革的成效主要有三个方面：

一是立竿见影的内部效果。改革后，保晋公司各矿厂裁撤冗员，精兵简政，职员中普遍存在的官僚化作风也得到了有效的整治，各部门各司其职，危机意识和责任意识加强；工人受剥削程度减轻，生产积极性有所增长，生产效率随之提高；在人才的使用和聘请上，由原来的单纯推荐改为考试录用，由任人唯亲改为任人唯贤。改革理顺了生产关系，极大地促进了生产力的发展。

二是节节攀升的煤炭产量。保晋公司先后改造和扩建了一批重点矿井，先后收购了王家沟的聚元窑、石圪叠的聚兴窑和富华窑、虎尾沟的马头窑和李家沟的煤矿等，此外还创办了保晋铁厂。自 1916 年起，保晋公司的煤炭产量迅速增加。

据《晋商史全览·阳泉卷》记载，以阳泉为例，1916 年 1 月至 7 月，阳泉各矿产煤 36 480.280 吨。其间，除了 1917 年 8 月至 1918 年 7 月略有下滑外，其余均为一年一个新台阶。纵观其他分公司同时期的产煤量，大体上也均呈现

1916 年—1922 年阳泉煤矿产煤量一览表

1916 年 8 月至 1917 年 7 月	90 655.620 吨
1917 年 8 月至 1918 年 7 月	77 257.790 吨
1918 年 8 月至 1919 年 7 月	127 791.625 吨
1919 年 8 月至 1920 年 7 月	203 179.410 吨
1920 年 8 月至 1921 年 7 月	213 896.070 吨
1921 年 8 月至 1922 年 7 月	249 877.800 吨
1922 年 8 月至 1923 年 7 月	311 048.010 吨

出攀升的态势。到 1919 年,保晋公司在阳泉发展到最大规模,拥有 6 个矿厂（包含 7 个矿区）和 1 个铁厂。

三是保晋煤的销路空前畅通。1917 年，保晋公司与正太铁路局订立了远销减费合同，阳泉煤开始远销于汉口。据《平定阳泉附近保晋煤矿报告》记载，1918 年至 1922 年，阳泉保晋煤销售总额为 106.7 万吨，其中销售于石家庄、获鹿的占 50%，销售于济南、保定的占 7%，销售于北平、天津、上海和汉口的占 14%，销售于太原、榆次、寿阳和阳泉当地的占 26.5%，远销香港和出口日本、南洋的占 2.5%。为了不断扩大阳泉煤炭的国内外市场，1918 年，保晋公司在天津俄租界建立了海外分销处，阳泉通过分销处转售于日本大阪；1919 年，销售于广东、香港等地。因此，阳泉煤名声大噪，京津称之“红煤”，沪汉称之“白煤”，都因煤质优良竞相购买。保晋煤炭产量之大、销售市场之广由此可见一斑，产销两旺，使保晋公司进入了发展的巅峰。1924 年，公司不但将所有亏损全部补清，且有盈余。

第三节 劳资制度——用人标准和成本

保晋公司在用人标准、工资制度方面也走在了时代前列，具有一定科学性。但是其中的计时、计件工资则以最大限度榨取工人血汗为依据。

关键词：考试录用 等级工资

一、人才聘请——职员的专业知识状况

保晋公司非常重视专门人才的使用。在用人制度上，保晋公司由单纯的推荐改为考试录用，因此，公司职员的知识结构发生变化，专业人才比重逐渐增大，大学文化程度的职员逐步增多。

从1936年保晋公司的职员明细表可以看出，当时保晋公司的经理、协理、总稽核和总工程师，以及各矿厂的坑务主任，都是大学毕业生。有的是国内大学毕业，有的是国外大学毕业，并且大多是矿业专门学校毕业，具有多年的矿业实践经验。其中总公司经理常旭春是山西大学教授，协理白象锦是英国威尔士大学矿科毕业生，总稽核杨仁显是英国伦敦帝国学院毕业生，总工程师兼工程课长张景良是英国威尔士大学毕业生。

二、工资制度——灵活多样的工资形式

保晋公司的工资制度有多种形式，对职员实行职务等级工资，对工人实行计件和计时工资。职员的职务等级工资，是以职员的职务高低和能力大小为依据的。能力越大，职务越高，则工资也越高。对职员工资数额的决定权限也有明确的规定。总经理和协理的工资是由董事会决定的。以下各级职员的工资则由总经理和协理确定。从1934年保晋公司的职员明细表上，可以看出当时各级职员的工资状况：经理300元，协理280元，总稽核260元，总工程师225元，课长136.25元，股长51.62元，坑务主任79.5元，坑务员

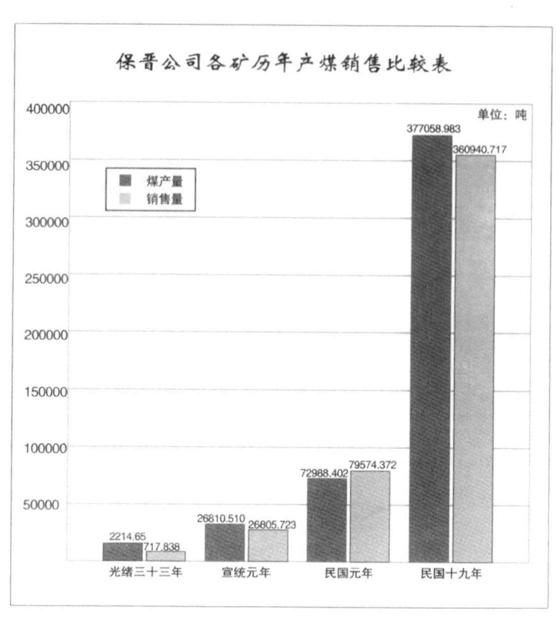

34.43 元，事务员 18.80 元，练习生 12.30 元。

保晋公司对工人实行计件和计时工资。计件工资是以作业量来确定工资值的。采煤工一律实行计件工资。此外，运煤工和临时包工也实行计件工资。保晋公司阳泉各矿厂采煤工占工人总数的 70% 以上。

保晋公司的计件和计时工资，是以强化工人劳动强度，最大限度榨取工人血汗为依据的。计件工资是以作业量来确定工资值的。据 1918—1922 年统计，他们的日平均工资在 0.275~0.439 元之间。

对于无法考核工作量的工种，保晋公司实行计时工资。规定计时工每天工作 10 小时。计时工资分日计时和月计时两种。日计时工种主要有修路、通风、提水、挂钩、撤钩、推车、上油、点灯等。月计时工资主要有司机和机修等。计时工资，除特殊技术工外，一般要低于采煤工。

除了计件和计时工资之外，对工人还有奖励工资。《矿工服务细则》规定：“各矿厂工人工作谨慎者在平日以增加工资为奖励，在年度时均以格外给金奖励。”事实上，这种奖励是微不足道的。一、二、三矿厂逐年尚有盈利，其余矿厂经常亏损，基本上没有奖金可得。实际上这些亏损厂不断停产，工人不断失业，连起码的工资都维持不住。

第四节 公司具体管理制度——初具当代管理模型

据《山西近代矿史研究》载，保晋公司在具体项目的管理上比较严格，并列出了众多条款，方便公司上下各司其职、共同遵守。其体现在对煤矿的安全管理上，有一套自己的人事约束制度，先进的技术管理。

关键词：具体管理　当代管理　雏形

一、安全管理

在古代，山西境内的煤矿并没有安全管理制度，也无专职安全管理人员，仅由老窑工凭经验查看井下瓦斯、水、火和顶板事故征兆。由于没有安全设施，一旦发生瓦斯、水、火等事故，即井毁人亡。光绪三十二年（1906），保晋公司创办后，即在阳泉矿厂建立安全制度，成为境内首家有安全管理的煤矿。

阳泉矿厂订有《坑内保安规则》15 条和《管理火药规则》7 条，还订立了瓦斯、水、火等危险预防措施 6 项。但安全设施投资甚少，规则措施只有部分付诸实施，各种事故时有发生。

（一）通风

在过去，山西境内的煤窑一半都采取自然通风。如有风流不畅时辅以人工通风，用风车、风柜向窑内扇风；或在井底、井口生火炉，加热空气，利用冷热空气对流进行通风。

光绪三十二年（1906）之后，保晋公司阳泉各矿厂至少有两个通风井，采用两翼对角式或立井并列式、立井中央并列式布置自然通风系统，井内巷道设置风门、密闭墙，用以引导风流方向。

（二）瓦斯灾害预防

清代使用明火灯检测瓦斯，这种方法极不安全。宣统元年（1909），保晋公司开凿燕子沟东立井时，遇 K3 石灰岩层瓦斯涌出，因明火燃烧和油灯照

山西保晋矿务公司阳泉总栈

明，先后 4 次引起瓦斯燃烧、爆炸，伤亡多人。此后，该公司阳泉矿厂各矿井使用瓦斯检定灯（亦称火焰安全灯）测定瓦斯。这种灯准确度低，安全性差，需要有一定经验的人使用。

（三）水害防治

古代时，山西境内矿井井上无防洪设施，井下无排水设备，因此矿井常遭水患。在长期与窑水斗争的实践中，煤矿工人积累了一些防水的经验。保晋公司成立后，其阳泉矿厂在各矿井采取了一些防水措施，遇到旧坑先钻孔机试探，然后开采，并在井下备有一些防水器具材料，如水泵、水泥、木、石等，然而防水设施和力量有限，水患并未杜绝。

（四）火灾防治

山西境内丈八煤层及其顶板中含有很多硫铁矿接合，开采过程中极易氧化自燃，古窑老塘中就会有许多火区。保晋公司开班后，注意到了矿井火灾的防治，规定工人入坑前要进行查验，以防引火物带入井中，在井下常备有水、土、沙、石和铁车以便灭火。

（五）顶板灾害防治

明、清时期煤窑多在煤层露头或浅部开掘，用巷柱法以代

瓦斯检定灯

采，煤柱支撑顶板，偶尔也用电柱。矿工用“观皮口、皮槽（煤层节理）”、“敲帮问顶”的办法，预防片帮冒顶事故。若遇大面积长久悬顶，则用高粱秆立支的方法来观察顶压。保晋公司成立后，矿井井筒用砖、石拱形砌，以房柱法开采丈八煤层，煤柱支撑顶板，偶有不坚之处，用坑木一梁二柱式支撑，但坑木用量极少。

此外，保晋公司还制定有坑内保安规则等。

二、人事管理

保晋公司有一套自己的人事约束制度，这主要体现在其号规的制定上，尤其是对总办理的约束。例如：

——自总办理依次均不得沾染嗜好，暨酗酒嫖赌凡一切不名誉之事，违者以犯规论。

——自总办理依次暨各分号号友，不得在本号零星支用银钱，以杜流弊，凡系己身用项，均须在外另行支取。

——公司每日依次备具三餐，已不至枵腹从公，此外一概不管。

——烟茶两项，公司自酌中置备，以供众用，自总办理依次均不得先时预支，即有要需，亦只宜自行筹措，号中不管。

——自总办理依次每年回家，只准两次，不得逾一月，由公司酌给相当川资脚费，此外如有要事，必须回里者，可自行告假，川资脚费自备，公司一概不管，其住家日期亦不得逾一月，每年告假至多两次。至家在本州县者，可略予通融，惟不给川资脚费，倘第一次回家，适值有事，断非一月能办结者，准其多住一月，于本年内即不得再行回里，其用川资脚费，亦只给一次，毋得有异说。

——称谓亟须订定，不可沿用官场通称，总办理即称办理，依次或称某弟、或称某兄，凡大人、老爷等称，一概禁除。

——诸好友即有意见不合，不愿在公司者，可径向号上告辞，或托推荐承保之家代辞，不得托故迳致紊公司规则。

三、技术管理

（一）煤田勘探

同治九年（1870），德国人李希霍芬曾在阳泉境内对煤铁资源进行调查，并首次运用近代科学方法研究阳泉的煤田地质。光绪二十五年（1899），英福公司为了掠夺煤炭资源，派葛拉斯为首的勘测队，在桃河两侧进行勘测活动，并采集煤样进行化验分析。光绪三十二年（1906）冬，保晋公司创办后，对其在阳泉附近收购的50余处小煤窑和该公司所开矿井揭露的地址情况进行了调查，确立了标志层，初步推算出井田煤层赋存情况。1916年，保晋公司对其所属阳泉各矿厂又进行了普查，并绘制了阳泉矿区地质图。1917年，地质学家王柱泉来山西调查地质矿产。历时10年，实测了太原、榆林幅百万分之一地质图，将沁水煤田东翼连成一块，命名为“平（定）盂（县）潞（安）泽（州）煤田”。

（二）地形测量

光绪二十五年（1899），英福公司派出葛拉斯为首的勘测队来阳泉调查煤炭资源，为境内煤矿区近代地形测绘的发端。光绪三十一年（1905），该公司测量工程师萧密德沿正太路两侧测绘了地形图四五十平方英里（100余平方公里）。

光绪三十二年（1906）保晋公司开办后，测绘了境内北迄黄沙堰—荆家掌—前庄一线，南到狮脑山，东至下五渡村，西到赛鱼火车站范围内的1/20 000地形图，图内划定了该公司所属6个矿厂的矿界。

（三）矿井测量

光绪三十二年（1906）保晋平定分公司成立后，在公司设立测绘股，主要担负矿井测绘，这是境内乃至全省煤矿最早的测量机构。当时矿区无统一坐标系统，只在各井口设假定坐标，井下用罗盘仪等简易仪器进行测量，绘制采掘简图。

（四）井巷施工

矿山运输线建设上，光绪三十三年（1907），正太铁路建成，为境内煤炭大量外运奠定了基础。保晋公司开办伊始，即修筑了铁路运输装车线，开晋省近代矿山运输建设之先声。1914年，建昌公司也修筑了自己的运煤装车线。

斜井施工上，清中叶，境内煤窑斜井的开凿虽仍为手工，但已具相当规模。

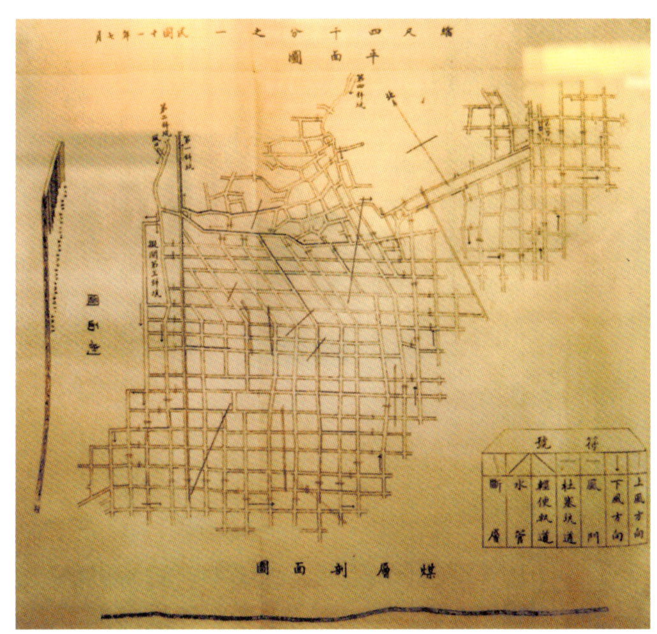

◇保晋公司第一矿厂坑内实测图

光绪三十三年（1907），保晋平定分公司开凿筒子沟第一、二斜井时，已开始使用汽动力卷扬机、轨道矿车提升出碴和汽动力水泵排水。这是山西省第一个用半机械化设备开凿侧斜井。1937 年日军侵占阳泉煤矿后，将劫掠的原保晋公司阳泉矿厂的汽动力压风机用于斜井施工，开凿了 4 对斜井。

（五）动力

光绪三十一年（1905），同济矿务公司在庄庄沟（今属矿区）开凿竖井，安装锅炉，以其为蒸汽发生器，由蒸汽为原动力推动蒸汽机运转，带动绞车等设备进行工作。之后，保晋公司在阳泉各矿厂陆续安装锅炉。起初锅炉购自美国、日本或国内的天津。1918 年，阳泉保晋铁厂开始生产锅炉、蒸汽机和汽绞车，这些动力设备便不再外购。1918 年，保晋公司在燕子沟煤矿东立井施工中，安装了 1.9 千瓦直流发电机 1 台，试用电灯照明成功，此为境内使用电力的开端。

（六）采掘管理

清朝中叶，境内煤矿采掘管理由“领事”负责，由其确定采掘方向和采掘规格。光绪三十二年（1906）以后，保晋公司阳泉矿厂由矿师制订采掘计划，按设计要求进行管理，坑务课测绘股进行矿井测绘，按设计要求给定采掘方向和采掘面规格，由坑务员监督井下坑道开凿修理、工程进度以及质量、规格等。

首先，在开拓上，20世纪以前，境内小煤窑多在煤层露头处和浅显处，以平峒与斜井形式开拓。保晋公司成立后,逐步改变传统开拓方式，多以立井开拓，以蒸汽绞车提升，使用房柱法开采丈八煤层。

其次，在掘井上，古代境内煤窑采掘不分，以掘代采。保晋公司成立后，采用房柱式采煤，始有掘进、回采之分。但其掘进方法仍然是“搬根凿壕”手工作业，只是遇到煤质坚硬不能自行坠落时，才以少量黑色炸药爆破、震动落煤。

再次，在提升上，清末以前境内矿井提升，平峒和斜井以人挑、背负或人牵驴骡入井驮载；立井在井口安装木质辘轳，用筐和绳由人力绞动，将煤提升出去。保晋公司成立后，阳泉各矿厂装备了锅炉、蒸汽绞车（亦称卷扬机），立井在井口装设铁制或木制井架和天轮，蒸汽绞车滚筒上缠绕钢丝绳通过天轮，把煤块提升上来。

最后，在井下运输上，古代境内煤矿井下运输，除人背、肩担外，还有用拖筐和拖车拖的办法，保晋公司创办后，阳泉各矿厂井下开始铺设轻便铁轨，用矿车运输。

总之，山西保矿运动的胜利，使山西民族资本经营的保晋公司获得了生存和缓慢发展的条件。随着民族资本的兴起和保晋公司的出现，山西煤炭工业的发展进入了一个新的历史时期。

延伸阅读

据《中国实业志》记载，到1934年，山西64个产煤县中，较大的煤矿煤窑共有1425家，遍布各地的小煤窑更是难以数计。开采面积达93万公亩，资本总额达950万元，工人人数最多时达到2.23万人，最高年产量曾达到302万吨。这种蓬勃发展景象的出现，与保晋公司首开先河有着密切关系。

第六章

落幕的哀思

古罗马历史学家波利比阿（生活于公元前 2 世纪）曾说：“倘若对过去的重大事件逐一寻根究底，过去的一切会使我们特别注意到将来。”这句流传了 3 000 多年的名言一语道破历史研究的真谛。诚然，历史总是留给后人太多的感叹与警醒，它犹如一壶老酒，存放的时间越久越是醇厚。当我们沿着历史的脉络，寻访保矿、保晋的历史时，尽管时过境迁，那些人物和故事却并未因历史的久远而磨灭印记。相反，人们能从点点滴滴的印记中触摸到那逝去的历史，从而以史为鉴，福泽苍生。

第一节　内外交加——保晋公司衰落的原因

在保矿运动中成立的山西保晋矿务公司是山西近代工业中最有影响、成效最大的近代企业，是当时国内民族资本所创办的最大煤矿，也为山西近代工业的发展树起了一面旗帜。但是，半殖民地半封建的社会性质和保晋公司自身存在的诸多缺陷，注定了它不可能顺利发展。

关键词：衰落　原因

保晋公司自 1925 年以后便连年亏损，每况愈下。晋商投资近代工业以巩固利权、实业救国的种种努力最终也以失败告终。《山西商人近代化转型失败的经济学分析》一文中指出，从经济学的角度看，导致晋商近代化转型失败与保晋公司衰落的原因主要有以下几点：

第一，诱致性制度变迁使晋商丧失了向近代工业投资的最佳时机。

制度变迁分为两种类型：诱致性制度变迁和强制性制度变迁。诱致性制度变迁指的是现行制度安排的变更或替代，或者是新制度安排的创造，是由个人或一群人在响应获利机会时自发倡导、组织和实行；反之，强制性制度变迁是由政府命令和法律引入来实行。显然，晋商向近代工业的投资属于诱致性制度变迁。但诱致性制度变迁的最大问题是容易导致制度变迁的最佳时机丧失。事实上，在一种自然状态下，企业组织是不大可能掌握住制度创新的最佳时期的，各种利益冲突牵制了它作出决定，企业惯性一般总是使得它到非死即生的关头才能开始制度创新。（参见诺斯《经济史中的结构与变迁》）

第二，从深层原因来看，保晋公司的创办使山西产业结构失衡。

资源配置效率低下，违背了经济发展规律的要求。正常情况下，价值规律通过竞争和价格波动以及与此联系的供求关系的变动而实现对社会资源的合理配置。在这种条件下，各个生产经营单位根据市场信号的引导，自动调节企业的生产方向、生产规模和生产结构，从而使每个生产经营者实现利润最大化，社会资源也得到最优配置。与此相适应，产业资本发展的一般特征

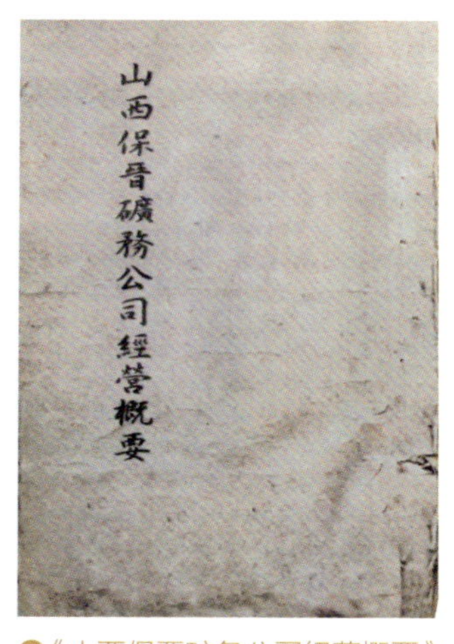
山西保晉礦務公司經營概要

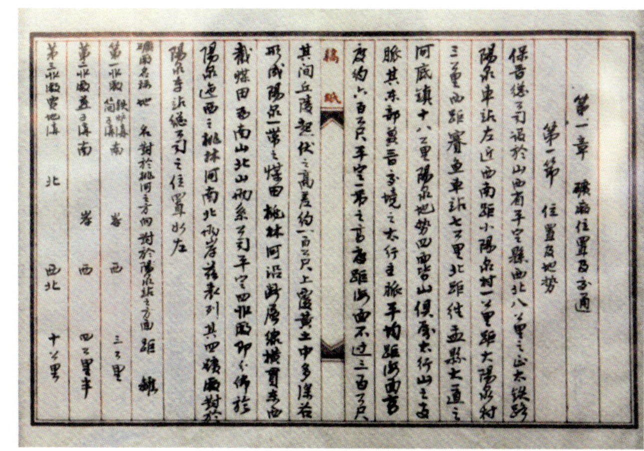
第一章 礦區位置及交通

第一節 位置及地勢

◎《山西保晋矿务公司经营概要》

是先投资于所需资本少、资金周转快、技术水平要求不高的轻工业部门，当轻工业发展到一定程度时，重工业才能发展起来。同时，由于重工业投入资本多、周转时间长、技术管理水平要求高，所以往往由国家投资，而私人资本较少涉及重工业领域。

在晋商投资工业过程中，前期基本集中在火柴、棉纺、面粉、卷烟等轻工业部门，这是符合近代工业成长规律的，但保矿运动使晋商的资本转向重工业领域，产业结构趋向不合理，资源配置效率日渐低下，这意味着山西经济比例失调，造成相当一部分人力、物力、财力的浪费，降低了物质资料、生产设备、工时的利用率和投入产出率，降低了经济效益。同时，由于重工业生产周期长，积累基金与社会提供的追加生产资料构成不相适应，使社会再生产受到影响。此外，产业结构的过度倾斜，使得山西短线产品供不应求，而长线产品又供过于求，这既不利于结构平衡，也不利于总量平衡。事实上，经济结构在很大程度上取决于资源配置的效果，如果产业结构比较均衡，与市场需求和经济发展相适应，与技术的发展相适应，则资源配置是合理的，能保证经济的持续增长。如果产业结构严重失衡，与经济发展水平不适应，其技术水平远落后于技术的发展，则资源配置效果是低下的，经济增长必然是低下的、不稳定的。

第三，日本经济势力乘虚而入，对华展开大肆的商品倾销。

1925 年，日煤以其比国内低得多的价格向中国沿海及一些内陆市场及世界市场倾销，导致保晋公司自 1925 年以后便连年亏损，每况愈下。

第四，清政府背信弃义，截留地亩捐，抵赖官股。

保晋公司的股本中，原分官股与商股。官股由山西地方筹集的地亩捐抵押。地亩捐原本为筹集庚子赔款而设，经奏准清政府，同意宽限缓交，先将地亩捐拨归保晋公司作为官股，也是作为向各票号借款的抵押。但是正在保晋公司筹办的困难日子里，山西当局违背了赎矿合同中曾签字画押的明文规定，置保晋公司生死存亡于不顾，竟截留了地亩捐，抵赖了本利 100 万两的官股，迫使渠本翘只得把保晋公司的资本挪借过来，归还了原由各票号垫借的赎矿银。这样，前后交付的 275 万两赎矿银就都落到了渠本翘主持的公司众商民头上。这对于山西近代工业投资来说，不仅是一笔巨大损失，也是最为沉重的一击。

政府的不确定性和缺乏信誉是投资的主要限制因素，这将使投资者远离不可撤回的长期投资，刺激短期投机行为。20 世纪初的中国，内忧外患，国家主权无以自保，晋商在遭受重大打击之后，仍以民族利益为重，竭尽全力地同企图独霸山西矿权的外商展开抗争，清政府的言而无信对处于困境中的保晋公司无异于雪上加霜。

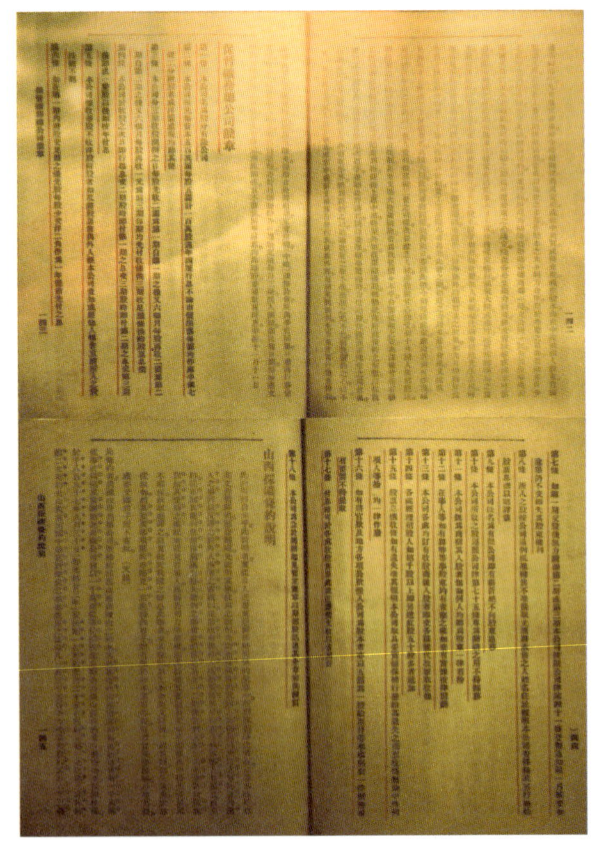

◎《保晋矿务总公司简章》

第五，高昂的运费限制了保晋公司的生产和经营。

阳泉煤出口，须由正太转平汉、北宁而抵出口港天津塘沽。而当时正太路操于法帝国

保晋铁厂瓷部生产的陶瓷花瓶。

主义之手，对阳泉煤竟收取高额运价，超出世界铁路会议制定的“万国煤运率”（即吨公里七厘）的五六倍。而对同一铁路线上由外资经营的井陉煤却仅征收吨公里六厘二的运费，尚不足阳泉煤运价的1/4。并且阳泉煤让出的市场将被井陉煤所夺去，这必然导致阳泉煤市场萎缩，竞争乏力。1912年，正太路收为国有后，却一切沿袭旧例。后经本省实业界多次吁请，才将运价减至吨公里二分，虽表面上略作减少，但却“取消回扣二三十万元，与未减价前无异”。

除高昂运费之外，煤炭的出口还须交纳名目繁多的苛捐杂税。据1925年的记载统计，每吨晋煤运到塘沽，其运费及捐税计有8.811元之多。当时每吨煤的开采成本平均不足2元，运费捐税即为其4倍有余。除阳泉煤外，通过平绥路输出的大同煤，同样受到高昂铁路运费的制约，盈利很不稳定。这些都极大地削弱了晋煤在市场上的竞争能力。

总的来说，原本颇具财力的山西商业和金融资本，由于失去了19世纪末向近代工业投资的良好机遇，滞缓了封建商业、金融业资本向民族资本转化的进程。20世纪初，晋商开始尝试这一转化，显示出极旺盛的活力和主要向轻工业投资的热情，但保矿运动和其他各种不利因素最终导致晋商向工业资本融合的努力走向失败。

第二节 历史评价——保晋公司带给我们的启示

由保矿运动催生的山西保晋公司作为山西民族工业的中坚，山西最大的民族资本企业，开山西近代机器采煤和冶铁之先例，在山西近代工业史上产生了重大影响，一直都是山西人的骄傲，然而，这骄傲并非纯粹的，其中夹杂着几许苦涩。

关键词：用人制度　改革精神　敏锐意识　山西矿业　经验借鉴

一、山西人的骄傲与哀伤

近代中国风云莫测大变遽生，时局反复俨如春梦。太平洋的狂涛刺破了国人做不完的“安乐梦”，从此，几千年的文明古国悲悲切切，凄凄惨惨，河山破碎，一似迎风败絮。然而，一百年前发生的山西保矿爱国运动却是那段黑暗岁月中少见的亮点。作为山西近代第一家大规模的煤炭生产企业，保晋公司打破了传统的小煤窑土法开采，开始采用机器生产，使生产力有了较大提高。同时，在生产经营和组织管理方面，保晋公司开始逐步实行资本主义企业的管理制度，使山西煤炭工业的发展进入一个新的历史时期。

保晋公司是山西近代史上较早开办且规模较大的民营企业。它的实权掌握在民族资产阶级手中，资本是国内募集而来的股银。其章程中明文规定：“所收股份以本国人为限”；“本公司既为开辟本省利源起见，期将各种矿产一律开采，以兴地利而裕民生”；“本公司用人办事，一以商务为宗旨，不得丝毫沾染官场气习，亦不沿用各局所名称”。同时提倡地方自办“以辅公司之不及”。

总的说来，虽然保晋公司只存在了短短的30年，并且在这30年中大多惨淡经营、入不敷出。但是，作为山西近代资金实力最为雄厚的民族资本主义企业，保晋公司已具备了现代股份公司的雏形。它的成立，揭开了山西近代大规模兴办采煤业的开端，使山西煤炭开采步入了半机械化，为山西煤炭工业发展奠定了基础。

在生物学意义上来说，能够生存下来的物种，并不一定是那些最强壮的，也不一定是最聪明的，而是那些对变化做出快速反应的。将之延伸至社会经济领域就是指那些能够正确认识企业现状，一旦出现变动或呆板僵化便会作出正确判定并不断修正的优秀企业。保晋公司学习效仿西方的股份公司集资办企业的经验，设置主权机关、领导机关，做到了权限分明，使得各管理层面均有章可循，责权分明，运作漏洞小，效率高。

选贤任能的用人制度。保晋公司在创办之初，录用人员纯属私人推荐，这样做的弊端就是录用了不少有关系而无矿业理论知识和管理经验的人员，这些人员也成为企业发展的一大障碍。为了革除弊端，录用高素质的人才，改单纯推荐为考试择优。公司规定“凡有荐职员者，必须用函件通知公司，先行登记；遇有急需人才时，由公司定期召集，分别考试，如能合格，再行

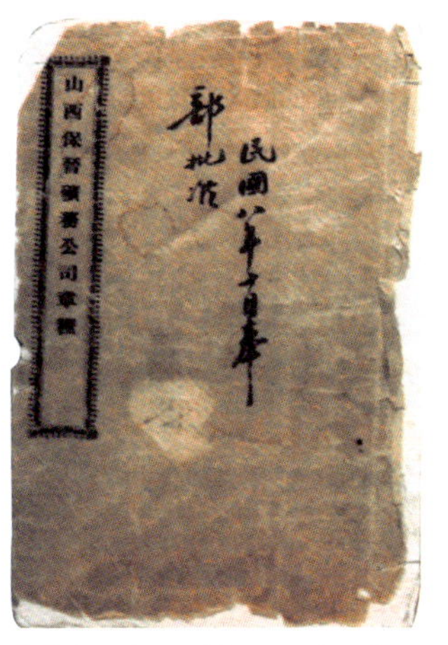
山西保晋矿务公司章程

◇《山西保晋矿务公司章程》

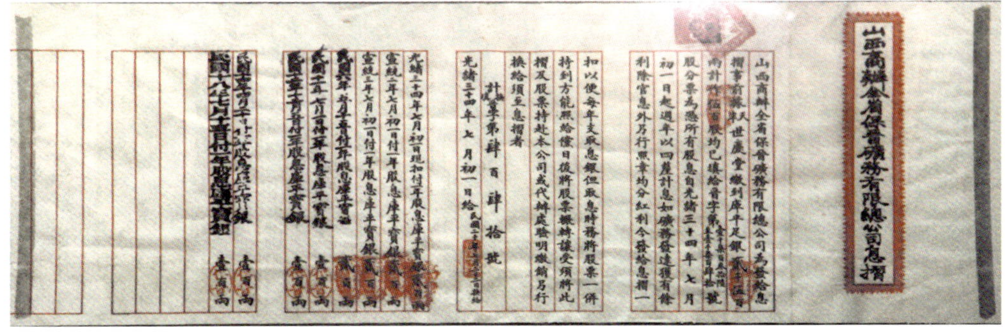
山西商办全省保晋矿务有限总公司息摺

◇《山西商办全省保晋矿务有限总公司息折》

录取”。实践证明，这种革新对激励人才不断自我完善、促进公司发展起到了良好的作用。

锐意进取的改革精神。生产关系必须适应生产力的发展，这是社会历史发展的规律。在保晋公司的历史上曾有两次革除弊病的改革举措，都促进了企业生产力的发展。

抓住市场的敏锐意识。保晋公司在创办一开始即在石家庄、保定、北平、天津、上海、济南、武汉等地设立分销处，生产和销售并重，市场观念十分超前。1916 年后，保晋公司利用帝国主义列强忙于第一次世界大战的有利条件，在增加煤产量的同时，为了扩大国内外市场的占有份额，积极与正太路局订立奖励运销运煤减价办法，向交通部请准核减京汉运价，大力拓展销路，企业发展进入繁荣时期。

二、保晋公司带给我们的经验与教训

保晋公司的“保晋时期”持续了近 30 年，由于日本帝国主义侵略及 8 年抗日战争，而暂时歇业。新中国成立后，山西的矿业经济随着国民经济和社会建设的启动，一步步走向现代化，成为山西经济的主要支柱。今天，山西煤业的辉煌，是离不开保晋公司所打下的基础的。

然而，从山西的经济脉络上说，如果把保晋公司的创办看做是山西煤炭产业形成的开始，新中国成立以后，特别是 1980 年山西基本确定为全国的能源重化工基地的 30 年来，山西累计生产原煤 70 多亿吨，占同期全国煤炭总产量的 30% 以上；累计调出原煤近 50 亿吨，占全国省际调出量的 80% 以上，支持着全国 26 个省、市、自治区的经济发展。看来，争矿运动应该被认为是山西从非煤炭经济开始向煤炭经济转化的分水岭。按理说，随着地下宝藏源源不断地被开采出来，山西的经济状况应该是蒸蒸日上的。但实际情况恰好相反。“七五”期间，山西已基本形成了全国最大的煤炭、电力以及其他能源产品的输出基地。但是根据《全国统计年鉴》，山西在“七五”期间比“六五”期间国民生产总值年均增长 5.3%，降低 5.62 个百分点；能源生产总量年均增长 5.92%，降低 6.14 个百分点；国民收入年均增长 4.83%，降低 7.67 个百分点。与全国相比，人均国民生产总值和人均国民收入 1985 年分别低 5 元和 9 元，而到 1990 年，在短短 5 年时间里，这个差距就扩大到 141 元和 147 元。进入新世纪后，山西的多项经济指标已经滑落至全国的末尾，而污染程度和资源破坏程度的排名却愈发靠前了。可以说，山西矿业面临着严峻的考验。保晋公司的经验及教训恰恰可以为山西的发展提供有益的借鉴，具有毋庸置疑的现实意义。

历史是未来发展的基础，也是未来创新的启迪。正是当时爱国仁人志士所进行的英勇斗争，才为我们保全了今天这样一份宝贵的矿产资源。所以，我们对爱国先贤倍加感念，要倍加珍惜山西的矿产资源，合理科学地开发它，利用它。这是历史给我们的启迪，也是新时期继承发扬保矿爱国精神最具体的行动。

纵观世界的近代历史，发达国家与发展中国家争夺和维护矿产资源的斗争从来就没有停止过，而且这种斗争还将继续存在下去。只不过，在第三世界国家取得独立主权后用现代较为发达的金融手段部分调和了这种斗争。争矿运动与保晋公司的历史因而成为一个历史的警示牌，时刻提醒着我们要不断地用新的对策和方式赢得胜利。

在中国进入 WTO、改革开放取得初步成果和全球经济一体化的今天，研究保矿运动、保晋公司从而为我国的民族经济提供借鉴显得尤为重要。21 世纪初，我国制定了开放的矿产资源政策，在这一政策指导下的国际融资行为是对还是错？这种融资行为将会朝着什么方向发展？将对我国的国民经济以及以自然资源为优势的省份产生多大的影响？资源开发时的环境破坏以及修复应当如何贯彻？保晋公司的经营管理制度上有何可借鉴性的经验？……这些问题囊括了我国的政治、经济以及思想文化，从国际政治经济关系及中国的应对，到产业结构调整、服务、科技及技术的创新等，对当前的

中国最大的无烟煤生产基地——阳泉。图为阳煤集团新景矿全景。

中国矿业提出了新的要求。

经历了亿万年的演变而生成的矿产资源对于人类来说是一个减法，减法的终点是资源的枯竭。山西现今的矿产资源越来越少了，且私挖滥采屡禁不止，造成环境破坏，付出的代价也很沉重。所以，保护山西矿产资源，科学全面地开发利用山西矿产资源，采用合理的矿务经营管理措施是十分重要的，能够做好这些，就是爱国主义精神的最佳升华。

三、那些英雄们

“时势造英雄”，英雄与时局之间似乎总有着难以割舍的情缘。在历史的长河中，人的生命十分短暂，在一夕之间即会陨灭，而英雄却如同这一瞬之

在保晋铁厂基础上发展起来的阳泉钢铁集团公司曾为中国冶金工业做出突出贡献。图为阳钢高炉雄姿。

中的流星，用光芒划破幽暗的天空，给人们带来光明，铸就永恒的希望。

沿着历史的足迹一路走来，我们嗟叹于在保矿运动、保晋公司中捍卫三晋的官绅乡民、爱国学生的英勇无畏。纵然，每一场革命都不可避免地染上了血红，在一个世纪前，这些人诸如胡聘之、刘笃敬、张士林、渠本翘、李培仁……他们用汗水和生命为末路的晚清驻守了一方温暖，这点温暖如同火苗存于每一个受保矿运动影响的人的心间，在暗夜中守住了一方希望。

“云山起翰墨，星斗焕文章。志士今犹在，丹心照日月。”历史研究需要有科学严谨的态度，需要付出艰辛的努力，还需要给未来发展提供有益的借鉴。这样的研究才富有成果，才具有社会价值和社会意义。古人常言“饮水思源”，希望通过我们的努力，能够使更多的人了解这段历史，并从中受到教育，受到激励，在新的历史时期以更加饱满的爱国热情，为山西的振兴、为祖国的繁荣富强作出更大的贡献！

主要参考书目

成艳萍著：经济一体化视角下的明清晋商[M].北京：科学出版社.2013.

冯改朵、刘建生等著：西口研究——以杀虎口为中心[M].太原：山西经济出版社.2012.

刘建生、燕红忠、张喜琴著：明清晋商与徽商之比较研究[M].太原：山西经济出版社.2012.

燕红忠著：晋商与现代经济[M].北京：经济科学出版社.2012.

燕红忠著：中国的货币金融体系——1600-1949[M].北京：中国人民大学出版社.2012

刘建生主编：商业与金融：近世以来的区域经济发展[M].太原：山西经济出版社.2009.

刘建生、燕红忠、石　涛等著：晋商信用制度及其变迁研究[M].太原：山西经济出版社.2008.

刘建生、燕红忠、王瑞芬等著：山西典商研究[M].太原：山西经济出版社.2007.

刘建生、刘鹏生、李　东著：回望晋商[M].太原：山西经济出版社.2007.

刘建生、刘鹏生、燕红忠等著：明清晋商制度变迁研究[M].太原：山西人民出版社.2005.

刘建生、刘鹏生等著：晋商研究[M].太原：山西人民出版社.2005.

刘建生副主编：晋商巨擘[M].太原：山西经济出版社.2005.

刘建生主编：商谭[M].太原：山西经济出版社.2002.

刘建生、刘鹏生等著：山西近代经济史——1840-1949[M].太原：山西经济出版社.1995.

刘建生主编：中国近代经济史稿[M].太原：山西经济出版社.1992.

刘晓丽：保晋公司与近代山西保矿运动[J].山西煤炭管理干部学院学报.2012.02.

渠　珠：山西保矿运动与祁县实业家渠本翘[J].晋中学院学报.2012.02.

李韶琳：保矿运动[J].述略科教文汇（下旬刊）.2009.01.

山西近代矿史研究会，保晋公司纪念馆编：保矿保晋风云录　山西保矿运动·保晋公司史料图集[M].北京：中国时代经济出版社.2009.

中国人民政治协商会议山西省阳泉市委员会文史资料委员会编：阳泉市文史资料（第5辑）[M].1986.07.

胡忠贵编著：山西煤炭工业简史[M].太原：山西科学教育出版社.1988.08.

冯宝志：三晋文化[M].沈阳：辽宁教育出版社.1991.07.

阳泉矿务局矿史编写组编：阳泉煤矿史[M].太原：山西人民出版社.1985.

阳泉矿务局矿史编辑委员会山西师范学院历史系专科二年级合编：阳泉煤矿简史[M].太原：山西人民出版社.1960.03.

侯德封编：中国矿业纪要（民国二十一年至二十三年 第五次）[M].实业部地质调查所国立北平研究院地质学研究所.1935.

王智庆、李存华著：晋东商业文化[M].北京：科学出版社.2009.03.

曹慧明主编：保晋档案[M].太原：山西人民出版社.2008.06.

孟宏儒编著：阳泉史话[M].北京：中共党史出版社.2007.

山西省政协《晋商史料全览》编辑委员会编：晋商史料全览・家族人物卷[M].太原：山西人民出版社.2007.

中共阳泉市委宣传部编：山西争矿运动史料与研究[M].北京：中国文史出版社.2006.

山西省政协《晋商史料全览》编辑委员会编：晋商史料全览・阳泉卷[M].太原：山西人民出版社.2006.

李　浩、郭海编著：晋矿魂　李培仁与山西争矿运动[M].太原：山西人民出版社.2001.

后 记

保晋公司的创立和发展是晋商团体在近代中国经济史中的最后绝唱，虽然过程坎坷，命运多舛，结果令人惋惜，但是晋商在面对国家内忧外患的民族危亡时刻，慷慨出资，倾囊相助，其表现出的民族大义和强烈的爱国主义气节，对唤醒民众的国家意识起到了积极作用。保晋公司的创立是近代保矿运动胜利的标志性成果之一，直接影响保路运动风起云涌的发展，间接影响了近代辛亥革命的进程。

由于时运变幻莫测和产业结构的不合理，保晋公司注定了其坎坷和破产的命运，然而参与保晋公司的先辈们慷慨激昂的激情和上下奔波内外周旋的身影必将会为后人铭记，成为宝贵的精神财富，并融化成我们民族的精魂。

在本书的编写过程中，我查阅和参考了大量前辈们的研究成果，并在文中做了很多引用，但限于系列丛书的统一编写要求，无法在文中一一标注，只能在参考文献中列出。在此对引用文章和参考文献的各位作者表示深深的歉意，同时表示深深的敬意和感谢！

李　宇

跋

明清晋商在中国商业舞台上活跃的时间之长、影响之大，是空前的。然而历史的车轮无情地碾过那段令人激奋和无奈的岁月，只留下斑驳的记忆和深深的叹息。如何重拾昔日辉煌、重振晋人精神，如何改变百年封闭思想、形成晋人与时俱进的理念，如何挖掘历史文化遗产、实现文化强省，如何改变外界对山西的偏见、重塑山西的时代形象，成为当代有识之士急于破解的难题。

在国家日益重视文化对社会发展的重要意义的背景下，正值山西省省委、省政府大力推动文化产业发展的良好历史机遇，2008年初夏，时任山西教育出版社社长的荆作栋以敏锐的市场把握和独特的文化视角，结合晋商出版物的现状，将晋商文化的挖掘和传承作为出版工作的一个切入点，提出做一套能全面展示晋商文化图书的出版思路；山西大学晋商学研究所近二十年来一直致力于晋商研究，曾先后出版相关专著十余部，发表相关论文二百余篇。鉴于此，张沛泓、杨文两位编辑在多方调研和充分论证的基础上，最终确定与山西大学晋商学研究所合作，以《晋商五百年》丛书的形式，将近年来晋商在各方面的研究成果进行整合，以通俗和生动的方式图文并茂地展示给广大读者。山西大学晋商学研究所在深入思考和集思广益之后，决定全力以赴做好这套书。相信这必将有力地推动晋商文化的宣传和普及，更好地满足文化市场发展的需求。

随着晋商研究的深入，晋商学作为一门独立的学科已经粗具规模，其研究的外延亦不断扩大。《晋商五百年》丛书主要从经营行业（盐商、典商、票商、茶商、粮商等）、会馆、家族、教育、公司、建筑、经营、镖局、走西口等方面，对晋商现象进行概括性描述，基本可以反映出明清晋商的全貌。在本丛书的各分册中，对晋商饮食起居、书法戏曲、官商关系、社会公益以及特有的商业习俗等也都有所涉及。

《晋商五百年》丛书十四册的编写历经五年有余，经过出版社同志们的辛勤劳动和各分册作者的共同努力，终于可以付梓出版了。丛书作者为山西大学晋商学研究所、历史文化学院、经济与管理学院、教育学院和体育学院研究晋商学的老师和研究生，他们分别从自己研究的领域和视角对晋商现象进行了介绍。在五年多的编撰过程中，出版社编辑和作者两方多次探讨，反复修改，几易其稿，达成共识；特别是在丛书整体的文字表达上，尽量使用通俗的描述语言，并配以内容丰富、形式多样、涉及范围广的“延伸阅读”，让各册内容更加丰满，知识涵盖面更加广泛。在此，对各位著作者的辛苦工作表示敬意。

山西教育出版社编审委主任张沛泓、项目部主任杨文在本丛书的论证、策划、立项、组织等方面做了大量工作，并在成书的过程中积极推动，在此对她们的敬业精神表示钦佩。各册责任编辑为使图书更加美观形象、内容更加生动丰富，通过各种渠道搜集和拍摄了大量图片，下了很大工夫，也付出了很多心血。山西教育出版社美术编辑刘志斌在丛书的装帧设计、正文图片的统筹和编排等方面做了大量工作。在此对山西教育出版社相关领导和编辑们的敬业精神和辛苦工作表示崇高的敬意和衷心的感谢。

本丛书在编写的过程中，我们参考了大量学界前辈和研究同仁的研究成果，但囿于体例和篇幅限制，不能全部一一标列，在此对各位作者表示诚挚的感谢和深深的歉意。由于本丛书有的分册是师生合作编撰，其中在结构安排、行文内容等方面还有一些尚需斟酌之处，恳请各位读者指正和谅解。

刘成虎

于山西大学晋商学研究所

鸣谢

为全面形象地宣传、展示晋商文化，本丛书在编辑出版过程中编配了一些相关图片，我们希望取得摄影者的授权，但囿于时间、条件的限制，部分图片未能事先与摄影者取得联系。在此，我们对相关摄影作品的作者表示歉意并恳请能及时与我们联系。本丛书图片的提供者有梁铭、荣浪、薛菲、刘志斌、高春平、刘成虎、刘映海等，并得到北京晋商博物馆、山西财经大学晋商博物馆、山西省博物院、太原晋商博物馆、山西近代矿史研究会、保晋公司纪念馆等单位的大力支持，在此一并致谢！